„Gute Unterhaltung!"

Schriftenreihe des Österreichischen Theatermuseums
Herausgegeben von Thomas Trabitsch

Band 3

PETER LANG
Frankfurt am Main · Berlin · Bern · Bruxelles · New York · Oxford · Wien

Brigitte Dalinger/Kurt Ifkovits/Andrea B. Braidt
(Hrsg.)

„Gute Unterhaltung!"

Fritz Grünbaum und die Vergnügungskultur
im Wien der 1920er und 1930er Jahre

PETER LANG
Internationaler Verlag der Wissenschaften

Bibliografische Information der Deutschen Nationalbibliothek
Die Deutsche Nationalbibliothek verzeichnet diese Publikation
in der Deutschen Nationalbibliografie; detaillierte bibliografische
Daten sind im Internet über <http://www.d-nb.de> abrufbar.

ISSN 1861-129X
ISBN 978-3-631-58041-7

© Peter Lang GmbH
Internationaler Verlag der Wissenschaften
Frankfurt am Main 2008
Alle Rechte vorbehalten.

Das Werk einschließlich aller seiner Teile ist urheberrechtlich
geschützt. Jede Verwertung außerhalb der engen Grenzen des
Urheberrechtsgesetzes ist ohne Zustimmung des Verlages
unzulässig und strafbar. Das gilt insbesondere für
Vervielfältigungen, Übersetzungen, Mikroverfilmungen und die
Einspeicherung und Verarbeitung in elektronischen Systemen.

www.peterlang.de

Inhaltsverzeichnis

Vorwort der HerausgeberInnen 7

Thomas Soxberger:
„Will the Real Fritz Grünbaum Please Stand Up?"
Die biografische Forschung zu Fritz Grünbaum und ihre Probleme 9

Werner Hanak:
Unterhaltung^3. Gedanken zur Spannung im Raum 25

Georg Wacks: Grünbaum und die Musik I
Lieder wie *Das Knödel-Mädel* 43

Birgit Peter:
Billig und luxuriös. Über Zirkus und Varieté in Wien 47

Georg Wacks: Grünbaum und die Musik II
Frühe Libretti wie *Phryne* und *Mitislaw der Moderne* 57

Georg Wacks: Grünbaum und die Musik III
Patriotismus während des Ersten Weltkriegs 63

Hilde Haider-Pregler:
Gefällige Zeitspiegelungen? Überlegungen zur Wiener Revue 67

Georg Wacks: Grünbaum und die Musik IV
Wien lacht wieder,
eine große Ausstattungsrevue nach französischem Muster 81

Ulf Birbaumer:
„(Klein-)Kunst ist Waffe".
Zur politischen Unterhaltungskultur in Österreich 85

Günter Krenn:
„Aus dem Geiste der Operette?" Der Unterhaltungstonfilm
als Politikum in den 1930er und 1940er Jahren 97

Volker Kühn:
Wenn Wiener aus Brünn Berlin erobern.
Vom kabarettistischen Kulturaustausch zwischen zwei Nachbarn............109

Zu den AutorInnen 125

Vorwort der HerausgeberInnen

Fritz Grünbaum und sein künstlerisches Schaffen, das in einer Ausstellung des Österreichischen Theatermuseums gezeigt wurde, standen am Beginn dieses Buches. Die Feststellung, dass gerade dieser jüdische Künstler – als Kabarettist, Librettist, Filmschauspieler – die zeitgenössische Unterhaltungskultur wesentlich mitprägte, führte zu jenen Fragen, die im Mittelpunkt der hier versammelten Originalbeiträge stehen: nach den Formen und Genres dieser Kultur, nach dem engeren kulturellen Umfeld, in dem Grünbaum agierte und dessen Mitarbeiter er (großteils) war, nach den weiteren ProtagonistInnen dieser Unterhaltungskultur und ihrem politischen Engagement.

Eröffnet wird der Band mit einer kritischen Sicht auf die oftmals kolportierten Anekdoten von Grünbaums Selbststilisierung. Erst das Lesen dieser Selbstzeugnisse durch ein kritisches Raster ermöglicht einen Zugang zu seiner Biografie. Es folgt ein Beitrag zu Unterhaltung und Raum, zur Frage, welche Räumlichkeiten zu welchen Formen von Unterhaltungskunst genutzt wurden. Weiters finden sich Arbeiten zu Varieté und Zirkus, zur Revue, zur politischen Unterhaltungskultur sowie zum Unterhaltungstonfilm. Ein Vergleich zwischen der Wiener und der Berliner Unterhaltungsszene dient zur Kontextualisierung von Grünbaums Schaffen. Themen wie Funktion und Formen von Unterhaltung, aber auch die politische Entwicklung in Österreich und Deutschland und ihre Auswir-kung auf die Unterhaltungskultur bzw. deren Reaktionen auf aktuelle Ereignisse werden in den einzelnen Beiträgen diskutiert.

In den meisten dieser Arbeiten wird Fritz Grünbaum nur als einer der Künstler des jeweiligen Genres genannt. In den dazwischen gesetzten kurzen Artikeln zu „Grünbaum und die Musik" wird auf seine Tätigkeit als Liedtexter und Librettist eingegangen, mit ausführlichen Originalzitaten aus teils unverlegten Werken.

Am Ende des Bandes findet sich ein Blick über Wien hinaus, auf die Kabaretts in Berlin und Paris. In diesen Städten wie in Wien war die Kabarettszene oftmals von jüdischen Künstlern, wie Grünbaum, geprägt. Mit ihrer Verfolgung und Ermordung in der NS-Zeit war auch das Ende der spezifischen Unterhaltungskultur der 1930er Jahre besiegelt.

Am 17. April 2005 veranstaltete das Österreichische Theatermuseum gemeinsam mit dem TFM (Institut für Theater- Film- und Medienwissenschaft) der Universität Wien anlässlich der Ausstellung *Fritz Grünbaum: „Grüß mich Gott"* im Österreichischen Theatermuseum die Tagung *Gute Unterhaltung! Ein Symposium zur Wiener Unterhaltungskultur der 1920er und -30er Jahre*. Auf dieser

Tagung, die auf Initiative von Prof. Hilde Haider-Pregler stattfand, wurde ein Großteil der Beiträge, die im vorliegenden Band versammelt sind, als Kurzvorträge gehalten. Dieses Buch dokumentiert das Ergebnis der den Vorträgen folgenden Diskussionen und weiterführenden Auseinandersetzungen mit Grünbaum. Die HerausgeberInnen widmen das Buch Hilde Haider-Pregler.

Brigitte Dalinger, Kurt Ifkovits, Andrea B. Braidt

"Will the Real Fritz Grünbaum Please Stand Up?" Die biographische Forschung zu Fritz Grünbaum und ihre Probleme

Thomas Soxberger

Eine zentrale Strategie des Kabarettisten und Conférenciers Franz Friedrich Grünbaum bestand darin, sich als „Fritz Grünbaum" vor seinem Publikum in kontinuierlicher Weise mittels Anekdoten und satirischen Texten „zu sich selbst" zu bekennen. Er hat es offenkundig verstanden, das Bild, das die Öffentlichkeit von diesem Fritz Grünbaum hatte, weitgehend zu kontrollieren und seinen „Lacherfolgen" dienstbar zu machen:

> Das Publikum lacht über meine Hilflosigkeit. Die rührende Hilflosigkeit des kleinen Mannes, der da oben auf dem Podium steht und mit dem großen Drachen Publikum kämpft, löst Lachwirkungen aus. Ich übertreibe diese Hilflosigkeit – das gestehe ich offen ein – und erziele so ähnliche Wirkungen wie so manche Filmkomiker, die letzten Endes auch durch ihr Schlemihltum wirken. Das ist die Theaterseite meines Humors.[1]

Allzu neugierige Fragen nach einem privaten Grünbaum abseits des Podiums wurden stets durch die reichlich verfügbaren, vordergründig offenherzigen und „typischen" Anekdoten, auch durch die „intimen Bekenntnisse", die seine Texte zu liefern scheinen, von vornherein eher abgeblockt als beantwortet. Gerade weil Grünbaums Gestalt aus Anekdoten plastisch hervorzutreten scheint und er auch offen zugab, dass er sich selbst inszenierte, fällt es seinen Biographen bis heute schwer, hinter diese inszenierte „Conférence" (die, sobald Karl Farkas erscheint, zur unvermeidlichen „Doppelconférence" wird) eines Lebens zu blicken und die

---

1 Unbekannter Verfasser: Lacht das Publikum? Warum? Eine Umfrage bei Wiener Komikern. In: unvollständiger Ausschnitt einer nicht identifizierten Zeitung, datiert mit 21. 1. 1933, im Ordner: „Grünbaum", Archiv des Jüdischen Museums der Stadt Wien (ohne Inventarnummer, Sammlung Dr. Pierre Genée). Durch diese Materialsammlung war es mir möglich, einigen schwierigen Quellenangaben nachzugehen. Dank an Frau Christa Prokisch, Archiv JMW, für den Hinweis. Das Zitat findet sich bei Pierre Genée: Fritz Grünbaum. Eine biographische Skizze. In: Pierre Genée [Hg.]: Hallo, Hier Grünbaum! Wien 2001, S. 9-35, hier S. 10f., mit unausgewiesener Auslassung des Nebensatzes: „die letzten Endes auch durch ihr Schlemihltum wirken".

Frage zu stellen, wie die private Person Grünbaums und die öffentliche „Persona" aufeinander bezogen waren.[2]

Grünbaum-Biographien

Grünbaum, Fritz, geboren am 7. 4. 1880 Brünn (Brno, Tschechische Republik), gestorben am 14. 1. 1941 im KZ Dachau, Kabarettist, Schauspieler, Tänzer, Regisseur, Schriftsteller. 1906 erster Auftritt im Wiener Kabarett „Die Hölle", ab 1907 in Berlin, ab 1914 [sic!] wieder in Wien; künstlerischer Leiter des „Simpl", wo er mit Karl Farkas die Doppelconférence entwickelte, und Direktor mehrerer kleiner Wiener Bühnen; 1927 gründete er das „Boulevard-Theater"; 1938 von den Nationalsozialisten verhaftet.[3]

Soweit die biographischen Eckdaten zu Fritz Grünbaum im Internetlexikon *aeiou*, der Online-Version des *Österreich-Lexikons*. Die anhaltende Popularität Fritz Grünbaums beruht vor allem auf seinen humoristisch-kabarettistischen Texten. Sie sind seit den 1980er Jahren durch die Editionen des Kabarettforschers Hans Veigl (in Zusammenarbeit mit Pierre Genée) allgemein zugänglich gemacht worden und haben zweifellos wesentlich dazu beigetragen, dass „der Grünbaum" nicht in Vergessenheit geraten ist. Veigl und Genée haben auch den Großteil des Materials zusammengetragen, auf dem der derzeitige Kenntnisstand über Werk und Leben Grünbaums beruht.

An Monographien zur Biographie Grünbaums liegen bis jetzt ein längerer Essay von Hans Veigl vor, *Entwürfe für ein Grünbaum-Monument*,[4] und der von Marie-Theres Arnbom und Christoph Wagner-Trenkwitz herausgegebene Sammelband *Grüß mich Gott! Fritz Grünbaum. Eine Biographie*[5], der eine Reihe von Aufsätzen enthält, die sich Grünbaums Biographie unter mehreren Aspekten annähern. Marie-Theres Arnbom und Christoph Wagner-Trenkwitz behandeln in einem gemeinsamen Essay vor allem Leben und Karriereverlauf, Arnbom widmet zusätzlich den Opernlibretti und Wagner-Trenkwitz dem „Witz" Grünbaums einen Aufsatz. Birgit Peter behandelt Grünbaum und die

---

2 Auf die Problematik etwa im Grünbaum-Text Selbstbiographie den autobiographischen Gehalt zu bestimmen, und auf das „dichte Netz literarischer Anspielungen" verwies Volker Kaukoreit in seinem Vortrag: Ambivalentes Spiel mit Heinrich Heine oder Nomen est omen? Vorschlag einer Lektüre von Fritz Grünbaums „Selbstbiographie"; „Gute Unterhaltung zur Vergnügungskultur im Wien der 1920er und 1930er Jahre", Österreichisches Theatermuseum, 17. April 2005.
3 http://www.aeiou.at/aeiou.encyclop.g/g862467.htm. Dieser kurze Artikel wird noch durch bibliographische Angaben ergänzt. Eine zum Vergleich eingesehene Druckausgabe des Lexikons von 1995 nannte als Todesjahr Grünbaums irrtümlich das Jahr 1940, was zeigt, wie lange grundlegende Daten zu Fritz Grünbaums Leben nicht geklärt waren, siehe: Österreich-Lexikon. Wien 1995, Bd. I, S. 440. Grünbaum trat übrigens bereits 1910 wieder in Wien auf.
4 Hans Veigl: Entwürfe für ein Grünbaum-Monument. Graz 2001.
5 Marie Theres Arnbom und Christoph Wagner-Trenkwitz (Hg.): „Grüß mich Gott!" Fritz Grünbaum 1880-1941. Eine Biographie. Wien 2005.

Revue, Monika Kiegler-Griensteidl den Kabarettisten Grünbaum, Günter Krenn dessen Filmrollen. Sophie Lilie ist dem Schicksal der Kunstsammlung Grünbaums nachgegangen. Eine solche Aufteilung führt einerseits zu Überschneidungen und Wiederholungen, andererseits bleiben Aspekte von Grünbaums Biographie ausgespart. So zeigt man sich ausgesprochen zurückhaltend, was den „privaten" Grünbaum angeht, aber auch seine politischen Einstellungen und persönlichen Verbindungen werden nur kursorisch abgehandelt, sodass kein genaues Bild des Umfeldes, in dem Grünbaum sich bewegte, entsteht.

Damit verfügen wir zwar über biographische Ansätze, aber noch nicht über jene geschlossene biographische Darstellung von Grünbaums Leben, die seiner Bedeutung gerecht wird. Im Rahmen dieses Aufsatzes kann selbstverständlich nur punktuell auf methodische Mängel und noch nicht ausreichend beachtete Fragestellungen in der vorliegenden Grünbaum-Literatur hingewiesen werden, um damit nachdrücklich das Desideratum einer solchen Biographie zu unterstreichen.

Die Biographen in der Anekdotenfalle

Wenn auf Mängel der Grünbaum-Biographien hinzuweisen ist, so müssen diese nicht in erster Linie auf bewusste Auslassungen zurückzuführen sein, sondern sie verweisen auch auf eine uneinheitliche und schwierige Quellenlage. Aufgrund der Ermordung Grünbaums und seiner Frau durch die Nationalsozialisten und des Raubes ihres Vermögens existiert kein eigentlicher Privatnachlass des Autors mehr. Nur wenige Privatbriefe sind bekannt und diese sind nicht ediert.[6]

Insgesamt scheint aber auch wenig Interesse zu bestehen, an das verfestigte Bild von Fritz Grünbaum zu rühren. Grünbaum selbst hat 1932 eine „autorisierte Fassung" über die Geschichte seiner Anfänge geliefert:

> Ich war an der Universität und fest entschlossen, Rechtsanwalt [...] und Theaterkritiker zu werden. Bald darauf befand ich mich in Schauspielergesellschaft ... [Dr. Leo Wulff] kam auch auf den Einfall, mich als Conférencier seiner Abende zu verwenden. Ich gefiel dem Publikum in einer mich selbst überraschenden Weise, sodaß der Oberregisseur des Theaters an der Wien, der inzwischen verstorbene Sigmund Natzler, mir den Antrag stellte, als Conférencier des neu gegründeten Kabaretts Hölle sein Mitarbeiter zu werden. In den ersten Oktobertagen des Jahres 1906 wurde das Kabarett eröffnet, und am nächsten Morgen war ich ‚der Grünbaum' (womit ich nicht meine, daß dies etwas bedeutet; es soll nur sagen, daß ich eigentlich keine Karriere gemacht habe; ich war am ersten Tag meiner Berufstätigkeit genau so viel oder so wenig, wie ich heute bin).[7]

---

6 Auszugsweise Abschriften von drei Privatbriefen an das Ehepaar Hrusa sowie Beispiele geschäftlicher Korrespondenz Grünbaums finden sich im Ordner „Grünbaum", Archiv JMW (siehe Anm. 1).
7 Zitiert nach Monika Kiegler-Griensteidl: „Ich hab oft so schreckliche Träume". In: Arnbom/Wagner-Trenkwitz, Grüß mich Gott, S. 89-105, hier S. 90. Auffällig die Ungenauigkeit der Quellenangabe des Zitates, das vielleicht von Genée, „Hallo, Hier Grünbaum!", S. 10, (siehe auch Anm. 1) übernommen wurde. Die richtige Angabe muss lau-

Die Darstellung, die Grünbaum hier gibt, ist derart bestechend, dass man über sie nur stolpern kann. Hier geht alles ein wenig zu schnell und zu glatt. Man wüsste eigentlich gerne mehr: wer befand sich in dieser „Schauspielergesellschaft"? Wer war dieser Leo Wulff – damals angeblich „der bekannte humoristische Schriftsteller" und dann „Chefredakteur der *Hamburger Woche*". Welche Persönlichkeiten waren Louis Windhopp, der Grünbaum angeblich an Wulff empfahl, und die Gebrüder Natzler, die im Theater an der Wien die Kleinkunstbühne „Die Hölle" initiierten?[8]

Es fällt auf, dass die Aussage Grünbaums, er sei mit seinem ersten Auftritt „der Grünbaum" geworden, in allen Biographien unkritisch übernommen worden ist. Anstelle eigenständiger Recherche zu Schlüsselereignissen der Grünbaumschen Biographie tritt damit eine Art Patchwork-Technik aus griffigen Zitaten mit verbindenden Zwischentexten. Doch kaum entfernen sich die Biographen vom Zitat, häufen sich immer wieder verallgemeinernde Sätze mit geringer analytischer Tiefenschärfe, so wenn von Arnbom/Wagner-Trenkwitz über Grünbaums Stellung im Kabarett „Die Hölle" gesagt wird: „Von deren Gründung an dabei, prägte Fritz Grünbaum mit seinen frivolen Texten den Charakter dieser Kleinkunstbühne und entwickelte seinen ganz eigenen Vortragsstil."[9] Das Zitat wird mit einer Selbstdefinition Grünbaums abgerundet.[10] Wir erfahren hier also nur mit anderen Worten etwas, das Grünbaum längst über sich selbst gesagt hat, und es beantwortet nicht, inwieweit Grünbaum „dabei" war, und ob nicht umgekehrt der Charakter der Kleinkunstbühne Grünbaum dazu brachte, sich als Conférencier auf „frivole" Texte zu verlegen, anstatt seine Karriere als Theaterkritiker oder Jurist weiter anzustreben.

Auch an der Verwendung des Grünbaum-Zitats, er sei Erfinder „einer Conférence [...] die zwischen Budapester Humor und philosophischer Dialektik eine unnatürliche Ehe schließt"[11] gewesen (in Kiegler-Griensteidls Beitrag sogar deutlich hervorgehoben), fällt auf, dass die entscheidende Wendung „Budapester Humor" in keiner Weise analysiert wird. Dabei verweist Grünbaum hier auf etwas sehr Wesentliches, nämlich darauf, dass er sich als durchaus in der Tradition der „Budapester Orpheumgesellschaft" stehend betrachtete, sich aber auch etwas darauf zugute hielt, diese auf eine unerwartete und originelle Weise weiter entwickelt zu haben.

---

ten: Fritz Grünbaum. Von Fritz Grünbaum. In: Das 10-Groschen-Programm der Komödie, Jahrgang XIII/1932, Nummer 404a. Es handelt sich um ein großformatiges Beiblatt zur Zeitschrift Komödie, das offenbar länger bestand als die Zeitschrift selbst und von Kolporteuren an Theaterbesucher verkauft wurde. Ordner „Grünbaum", Archiv JMW (siehe Anm. 1).
8 Vgl. Arnbom/Wagner-Trenkwitz, Grüß mich Gott, S. 21f. und S. 90.
9 Arnbom/Wagner-Trenkwitz, Grüß mich Gott, S. 22.
10 Vgl. Arnbom/Wagner-Trenkwitz, Grüß mich Gott, S. 22.
11 Kiegler-Griensteidl, „Ich hab oft ...". In: Arnbom/Wagner-Trenkwitz, Grüß mich Gott, S. 89-105, hier S. 91. Zum Ursprung des Zitats siehe Anm. 7.

Auch Arnbom/Wagner-Trenkwitz verlassen sich in der Darstellung der „ersten Erfolge" Grünbaums auf der Kabarettbühne völlig auf das vorgegebene Zitat.[12] Damit wird ein leicht feststellbarer faktischer Wahrheitsgehalt der Anekdoten suggeriert. Aufgabe einer kritischen Biographie wäre es aber, mit kritischer Distanz eine Sichtung der Quellen vorzunehmen. Dazu gehört es auch, den Kontext, in dem Aussagen getroffen wurden, zu erörtern. Wenn aber, wie im vorliegenden Fall, Anekdoten ohne viele Umstände in „objektive" Biographie verwandelt werden, entsteht der Eindruck, dass hier allzu rasch über Schwierigkeiten in der Quellenlage hinweggegangen wird.

Auffällig ist, dass Angaben zu Grünbaums Karrierebeginn ab 1930 auftauchen, als Grünbaum sich vor allem auf seine Filmkarriere konzentrierte und damit ein neues Publikum erreichte. Diese Karriere wurde dann aufgrund der politischen Entwicklungen in Deutschland jäh unterbrochen. Gerade solche Brüche und Wendungen in Grünbaums Biographie treten aber hinter die Betonung des unablässig, nahezu bis zu seinem letzten Atemzug „witzigen" Grünbaum zurück. Auch Gefängniszeit und KZ-Haft werden vor allem über die letzten verfügbaren Grünbaum-Anekdoten abgehandelt. Gerade hier wäre es aber wichtig, zu analysieren, in welchem Überlieferungskontext die (teilweise widersprüchlichen) Aussagen der Zeitzeugen stehen. Zu fragen wäre einerseits, warum Grünbaum den besonderen Hass der NS-Propaganda auf sich gezogen hatte. Ein Grund kann in einer grundlegenden Gemeinsamkeit der Erinnerungen an Grünbaum in Gefängnis und Lager gefunden werden, in denen immer wieder auf die Funktion seines Humors als Mittel des psychischen Widerstandes verwiesen wird. Auch die Solidarität des KZ-Häftlings Grünbaum seinen Mithäftlingen gegenüber wird immer wieder betont.[13] Wir besitzen damit sicherlich wichtige Aussagen zum Verständnis der Persönlichkeit Grünbaums, die aber ebenfalls einer kritischen Sichtung bedürfen. Hier zeigt sich nämlich auch, wie sich das Bild Grünbaums veränderte. Zum Komiker kam nun der antifaschistische Märtyrer Fritz Grünbaum, und es wäre zu fragen, inwiefern dieses Bild auch dem österreichischen nationalen Selbstbild als Opfer eines aus Deutschland kommenden NS-Regimes zugute kam.

Das Grundproblem der Grünbaumbiographien ist etwas, was ich die „Anekdotenfalle" nennen will. Grünbaum hat einerseits bereits seine Zeitgenossen in diese Falle tappen lassen, indem er sich selbst unwandelbar als „DER Grünbaum" präsentierte. Andererseits verfügen wir über genügend Hinweise, dass er die von ihm verkörperten Rollen, unter denen der Conférencier eben nur eine war, selbst reflektierte und analysierte. Es ist also eine interessante Frage, zu er-

---

12 Vgl. Arnbom/Wagner-Trenkwitz, Grüß mich Gott, S. 21f. Zitiert wird nach: R. K.: Fritz Grünbaum der Fünfziger. In: Die Bühne, 7. Jg., No. 278, 15. April 1930, S. 52 (bei Arnbom/Wagner-Trenkwitz irrtümlich: Die Bühne, 1. 4. 1930). Die Identität des Verfassers ist nicht geklärt. Auch hier fällt die betont „humoristische" Stilisierung der Darstellung auf, die wohl dem Thema „Grünbaum" angemessen sein will.
13 Vgl. Peter Sturm: Grünbaum im KZ. In: Der Abend, 7. 4. 1955, S. 6.

örtern, ob der private Grünbaum nicht doch ein anderer war als der (ver)-öffentlich(t)e. Es entsteht aber der Eindruck, dass alle Ansätze zu dieser Frage, die sich im bisher gebrachten biographischen Material durchaus finden lassen, bisher eher beiseite geschoben wurden, als dass man ihnen nachgegangen ist.

Deutlich folgen alle bisher vorliegenden Biographien jener Vorgabe, die in der erwähnten biographischen Anekdote von 1932 angelegt ist, wonach 1906 (nach einer etwas unklaren Jugendzeit mit Jus-Studium und Versuchen als Literat und Theaterkritiker) auf der Bühne der „Hölle" vor einem hingerissenen Publikum „der Grünbaum" erstmals in Erscheinung getreten sei und sich danach nicht mehr verändert habe. Diese Skizze wird dann nur durch Aufzählungen von Produktionen der Theatersaisonen und Werktitel ausgemalt. Es ist natürlich klar, dass Biographen gerade bei einer Person wie Grünbaum, über die so zahlreiche, griffige Anekdoten vorliegen, vor einem Dilemma stehen: wird das anekdotische Material beiseite gelassen, bleiben vorderhand nur dürre Fakten über das Leben eines offenkundigen „Workaholics", der ohne Unterlass „witzige" Texte produziert, übrig.

Wird aber die kritische wissenschaftliche Fragestellung hintangestellt, so läuft man Gefahr, an einer Grünbaum-Legende weiterzustricken, die nur eine verflachte Darstellung von Grünbaums Person bietet. Zweifellos wusste Grünbaum selbst, dass seine Wirkung als Conférencier weitgehend darauf beruhte, dass der „private" und der „öffentliche" Grünbaum für das Publikum weitgehend identisch waren. Man sollte sich aber von diesem Spiel des „Ich, der Grünbaum" nicht dazu verleiten lassen, alle hier getroffenen Aussagen ohne viele Umstände als autobiographische Fakten zu nehmen.

Antisemitismus und Nationalismus

In den vorliegenden Grünbaum-Biographien wird nur am Rande zum Thema des Nationalismus und Antisemitismus Stellung genommen, obwohl aus den Quellen klar hervorgeht, dass Grünbaum unzweifelhaft sehr früh mit Erscheinungen des politischen Antisemitismus konfrontiert war. Veigl verweist beispielsweise auf die Unruhen, die 1897 auf die „Sprachverordnungen" von Ministerpräsident Graf Badeni folgten. Die vorgesehene Hebung des Status der tschechischen Sprache zielte auf einen „Ausgleich" mit den Tschechen ab, der aber durch die gewalttätigen Proteste radikaler Deutschnationaler zu Fall gebracht wurde.[14] In Prag und Mähren kam es laut Veigl in der Folge „zu schweren Ausschreitungen gegen Juden".[15] Arnbom/Wagner-Trenkwitz, die sich ansonsten stark auf Veigls Arbeit stützen, fallen hinter dessen Vorgaben zurück, wenn

---

14 Vgl. Robert Waissenberger: Die tschechische Minderheit und die badenischen Sprachenverordnungen. In: Traum und Wirklichkeit, Wien 1870-1930, Sonderausstellung des Historischen Museums der Stadt Wien. Katalog. Wien 1985, S. 152-155, hier S. 93.
15 Veigl, Grünbaum-Monument, S. 15. Veigl nennt als Jahr der Badeni-Krise übrigens 1899.

sie das allgemeine politische Klima Mährens referieren, dabei aber diese Unruhen nicht einmal erwähnen.[16]

Die Frage, welchen Einfluss die politische Situation dieser Jahre auf Grünbaum hatte, ist sicher nicht unerheblich. Sie konnte ihn, einen jüdischen Schüler eines deutschsprachigen Gymnasiums in einer Stadt, in welcher der Konflikt zwischen „Deutschtum" und „Slawentum" ständig präsent war, nicht unberührt lassen. Es war ein Kennzeichen des politischen Klimas zu Ende der Monarchie, dass Nationalitätenkonflikte immer wieder über „die Kultur" ausgetragen wurden, wobei mit dem Argument „höherer Kultur" auch politische Dominanz beansprucht wurde. Die Ironie in vielen Texten Grünbaums, in denen es um „Hochkultur" versus „Unterhaltung" geht, muss vor diesem Hintergrund gesehen werden. Die Suggestion von k. u. k. provinzieller Gemütlichkeit in Brünn durch Wagner-Trenkwitz übersieht jedenfalls, dass auch die vielen kleineren und größeren Provinzstädte der Monarchie, genauso wie Wien, „Versuchsstationen des Weltuntergangs" für die Tragödien des 20. Jahrhunderts waren.

Wenig Erklärungsaufwand wird betrieben, um verständlich zu machen, in welchem Zusammenhang Grünbaum 1904 das Brünner Deutsche Theater ein „deutsches Kulturinstitut in einer Stadt des vordringlichen [vermutlich gemeint: „vordringenden"] Tschechentums ein[en] wichtige[n] Kulturträger" nannte.[17] Die Verwendung solcher deutschnationaler Rhetorik wird kurzerhand durch das „assimilierte jüdische Elternhaus" erklärt. Wann und unter welchen Einflüssen Grünbaum aber dann zu seiner gut dokumentierten kritischen Haltung gegenüber dem Deutschnationalismus kam (den er, wie sein Freund Fritz Beda-Löhner, unter Juden offenbar für eine besonders absurde ideologische Verirrung hielt), bleibt ungeklärt.[18]

Den Antisemitismus, so wird der Eindruck vermittelt, habe Grünbaum mit vielen seiner jüdischen Zeitgenossen nur wahrgenommen wie schlechtes Wetter: als eine unabänderliche Tatsache, gegen die man sich eben vorsehen müsse.[19] So wird etwa bei Arnbom und Wagner-Trenkwitz der Hinweis auf gezielte Attacken des NS-Hetzblattes *Der Stürmer* auf Grünbaum im Jahr 1934 mit dem Kommentar ergänzt, Grünbaum habe, „wie viele der anderen jüdischen Künstler in Wien diese Anfeindungen nicht ernst genug" genommen.[20] Das befremdet, da an anderer Stelle sehr wohl äußerst pessimistische Briefe Grünbaums aus dem Jahr 1932, die politische Entwicklung Deutschlands betreffend, zitiert werden.[21]

---

16 Vgl. Arnbom/Wagner-Trenkwitz, Grüß mich Gott, S. 14f.
17 Arnbom/Wagner-Trenkwitz, Grüß mich Gott, S. 18.
18 Siehe dazu: Fritz Grünbaum an Robert Stricker, Die neue Welt, Heft 257 (19. Aug. 1932), S. 8. Die Jahrgänge der Zeitschrift sind in der Internetdatenbank http://www.compact-memory.de abrufbar. Der 1907 publizierte Text Selbstbiographie (siehe Anmerkung 2) erweist sich in diesem Kontext als interessant, da deutlich auf Erfahrungen mit Antisemitismus angespielt wird.
19 Vgl. Arnbom/Wagner-Trenkwitz, Grüß mich Gott, S. 56.
20 Arnbom/Wagner-Trenkwitz, Grüß mich Gott, S. 67.
21 Vgl. Arnbom/Wagner-Trenkwitz, Grüß mich Gott, S. 61.

Im selben Jahr stellte Grünbaum auch in einem offenen Brief an die Zeitschrift *Die neue Welt* folgende Behauptung auf: „Es ist weiters eine notorische Tatsache, daß ich bei meinen öffentlichen Auftreten immer furchtlos den Antisemitismus bekämpft habe."[22]

Die Art und Weise, in der diese Aussagen Grünbaums Verwendung finden, illustriert sehr gut die schon angesprochene Problematik mangelnder Recherche im Vertrauen auf die Anekdote. Grünbaum unterstrich seine Behauptung mit der Berufung auf eine angeblich weithin bekannte „Ohrfeigenaffäre". Bei Arnbom/Wagner-Trenkwitz wird diese unter Berufung auf ein Feuilleton des Journalisten Martin Rathsprecher von 1955 referiert. Rathsprecher berichtete, Grünbaum habe im Kabarett „Die Hölle" einem „jungen österreichischen Offizier, der in der ersten Reihe saß [und] während eines Grünbaum-Vortrages eine laute antisemitische Bemerkung machte", eine schallende Ohrfeige gegeben.[23] Die Biographen nehmen diesen doch recht bemerkenswerten Vorfall zur Kenntnis und ergänzen ihn durch ein Zitat aus dem erwähnten Brief an *Die neue Welt*, in dem Grünbaum das Ende der Affäre so darstellte: „Es muss in Wien jedem bekannt sein, dass ich mich daraufhin mit dem Offizier im Reitlehrinstitut Ungargasse auf Säbel und Pistolen duelliert habe und verwundet wurde".[24]

Die Zusammenstellung der Zitate suggeriert eine Bestätigung von Rathsprechers Darstellung durch Grünbaum selbst, unterschlägt aber, dass Rathsprecher wesentlich von Grünbaums Aussagen abwich. Grünbaum hatte geschrieben, er habe im März 1907 „einen Husarenoffizier öffentlich geohrfeigt", aber mit keinem Wort erwähnt, dass dies während einer Vorstellung in der „Hölle" stattgefunden habe.[25] Rathsprecher wiederum erwähnt das Duell mit keinem Wort, was allerdings auch zu seiner Darstellung eines sanftmütigen und durch und durch humanistischen Grünbaum nicht gepasst hätte. Bezog sich Rathsprecher also auf eigene Quellen, oder ergänzte er nur Grünbaums Darstellung, indem er die Umstände des Vorfalls einfach extrapolierte?

Nun sind auch die Umstände, unter denen Grünbaum diese Anekdote veröffentlichte, für sich höchst bemerkenswert. Der offene Brief Grünbaums war namentlich an den seinerzeit sehr prominenten zionistisch-revisionistischen Politiker und Publizisten Robert Stricker (1879-1944) adressiert. Grünbaum nahm Stellung zu Vorwürfen, die zuerst im Frankfurter *Israelitischen Familienblatt* erhoben und im Juli 1932 in der von Robert Stricker herausgegebenen zio-

---

22 Fritz Grünbaum an Robert Stricker (siehe Anm. 18).
23 Martin Rathsprecher: Der Philosoph des Herzens. In: Der Abend, 7. April 1955, S. 6. Siehe auch: Arnbom/Wagner-Trenkwitz, Grüß mich Gott, S. 22. Über den „Lyriker, Feuilletonisten, Hörspielautor" Martin Rathsprecher (1900-1963) siehe Bolbecher/Kaiser (Hg.): Lexikon der Österreichischen Exilliteratur. Wien 2000, S. 530.
24 Fritz Grünbaum an Robert Stricker (siehe Anm. 18). Zitiert nach: Arnbom/Wagner-Trenkwitz, Grüß mich Gott, S. 22.
25 Grünbaum an Robert Stricker (siehe Anm. 18).

nistischen Zeitschrift *Die neue Welt* zustimmend glossiert wurden.[26] Der Angriff auf Grünbaum erfolgte also im selben Jahr 1932, in dem die Zeitschrift *Die Komödie* den bereits erwähnten biographischen Text über Grünbaums Anfänge veröffentlichte. Attackiert wurde Grünbaum für seine, wie sich dann zeigen sollte, letzte große Filmrolle im Ufa-Film DER MENSCH OHNE NAMEN. Darin hatte er einen eindeutig als jüdisch gekennzeichneten Winkeladvokaten dargestellt, in einer bedenklichen Weise, wie *Die neue Welt* das *Israelitische Familienblatt* zustimmend zitierte, die man von jüdischen Künstlern leider gewohnt sei. Der Kommentar führte weiter aus:

> Daß aber jetzt ein Künstler wie Fritz Grünbaum durch sein Spiel in einer Weise seine eigene Gemeinschaft verhöhnt, daß jeder normal denkende Mensch Abscheu empfinden muß, dürfte wohl nicht zu überbieten sein. Er macht in zehnfacher Potenz das sichtbar, was der Antisemitismus heute als schneidende Karikatur des Jüdischen zum Begriff erhoben hat.[27]

Die Verteidigung Grünbaums gegenüber diesem schwerwiegenden Vorwurf mangelnder jüdischer Würde enthält selbst einiges an Brisanz. Er beruft sich darauf, dass er sich schon 1907 mit einem antisemitischen Offizier duelliert habe.

Aber wann hatte Grünbaum, so müsste man doch fragen, überhaupt Säbelfechten und Pistolenschießen gelernt? Während des Jus-Studiums? Hatte er einer Studentenverbindung angehört? Wenn ja, welcher? Hätte ein österreichischer Offizier im Jahr 1907 sich tatsächlich mit einem jüdischen Conférencier „duelliert"? Zumindest die prinzipielle Möglichkeit eines solchen Duells müsste untersucht werden.

Das Jahr 1932 war offenkundig ein Schlüsseljahr in Grünbaums Karriere. Grünbaum schien seinen jüdischen Kritikern im zionistischen Lager andeuten zu wollen, er sei bereits 1907 ein militanter jüdischer Nationalist gewesen (was das Bild vom „leisen Weisen" doch entscheidend relativieren würde). Wie sonst wären Grünbaums Beteuerungen, dass er Stricker „als einen altbewährten Mitkämpfer geschätzt habe", sonst aufzufassen?

Stricker hatte *Die neue Welt*, wie sich an den Artikeln des Jahrgangs 1932 ablesen lässt, schon eindeutig ins Fahrwasser des Zionismus-Revisionismus geführt, in dem er ab 1933 als Mitbegründer der „Judenstaats-Partei" eine führende Stellung einnahm.[28] Da aber Strickers Name in eine Fußnote verbannt ist, wird er noch nicht einmal im Personenregister angeführt, das Zitat wird damit bei

---

26 Vgl. Anonymus: Was sich so „Jüdischer Humor" nennt. In: Die Neue Welt, Heft 253 (22. Juli 1932), S. 6.
27 Vgl. Anonymus, Was sich so „Jüdischer Humor" nennt, S. 6.
28 Zu Robert Stricker, der 1919/20 auch österreichischer Nationalratsabgeordneter war und ein Mitbegründer des World Jewish Congress, siehe die Informationen des Beth Hatefutsoth, The Nahum Goldmann Museum Of the Jewish Diaspora: http://www.bh.org.il/Names/POW/Stricker.asp. Stricker und seine Frau wurden 1944 in Auschwitz ermordet.

Arnbom/Wagner-Trenkwitz völlig außerhalb seines Zusammenhanges gebracht. Auch von Günter Krenn wird es nur ansatzweise in den politischen Kontext gestellt, in dem es gesehen werden muss.[29] Aber nicht nur Grünbaums Behauptung, sich 1907 mit einem Husarenoffizier duelliert zu haben, erstaunt, sondern auch der nonchalante Umgang der BiographInnen mit einer Affäre, von der angeblich einst ganz Wien sprach, und die geeignet ist, das gängige Grünbaum-Bild zumindest zu irritieren.

Grünbaum: ein anderer Eisenbach?

Es besteht kein Zweifel daran, dass Grünbaum an seinem Image als „der Grünbaum" hart gearbeitet hat. Er bediente sich in seiner Rolle als Komiker auch gewisser vorgeprägter Klischées des „Jüdischen". Durch diese Sichtbarkeit des „Jüdischen" seiner Charaktere, die ja auch sein „Markenzeichen" war, bot er auch Angriffsflächen. Auf Kritik an seiner Rolle als jüdischer Komiker konnte er, wie wir gesehen haben, ausgesprochen empfindlich reagieren.

Der Angriff auf Grünbaum in *Die neue Welt* wurde mit folgenden Worten eingeleitet:

> An der Peripherie der Kunst, wo jede ästhetische Kritik versagt, tummeln sich immer noch die Repräsentanten jener „Lozelach", die seit der Klabriaspartie unseligen Andenkens in jeder besseren Assimilationsgesellschaft heimatberechtigt sind: In der Witzkiste, im Theater, im Kabarett, im – Film.[30]

Mit „Lozelach"[31] und „Klabriaspartie"[32] wird Grünbaum direkt in den Kontext der „Budapester Orpheumgesellschaft" gestellt, deren erfolgreichster Sketch eben diese *Klabriaspartie* war. Es ist eine Verwandtschaft, die Grünbaum nicht leugnete. Ich will noch einmal auf die Selbstdefinition Grünbaums als Erfinder „einer Conférence [...] die zwischen Budapester Humor und philosophischer Dialektik eine unnatürliche Ehe schließt" verweisen. Mit „Budapester Humor" kann nur eines gemeint sein: der Humor, der auf der Bühne der „Budapester Orpheumgesellschaft" geboten wurde. Immer wieder wurde Grünbaum von Zeitgenossen als „Jargonkomiker" bezeichnet, also explizit auf seine jüdische Herkunft und auf den Einfluss des Jiddischen (des „Jargons") auf seine Ausdrucksweise verwiesen.[33] Wie Grünbaums Freundschaft und Zusammenarbeit mit Ar-

---

29 Vgl. Günter Krenn: „Lachen, Anteilnahme und ein Strom herzlicher Sympathie". Zu den Filmrollen Fritz Grünbaums. In: Arnbom/Wagner-Trenkwitz, Grüß mich Gott, S. 135-145, hier S. 141.
30 Anonymus, Was sich so „Jüdischer Humor" nennt, S. 6.
31 In Wien gängige, oft abwertende Bezeichnung für jüdische Witze. Vom jiddischen Wort: „halotselakh" (Sing.: „halotse"), Späße.
32 Zu diesem „Zugstück" der „Budapester" siehe Georg Wacks: Die Budapester Orpheumgesellschaft. Eine Varietébühne in Wien 1889-1919. Wien 2002, S. 56-63.
33 Vgl. Arnbom/Wagner-Trenkwitz, Grüß mich Gott, S. 62f.

min Berg zeigt, bestanden auch persönliche Verbindungen Grünbaums zu den
„Budapestern".[34] „Jargonkomiker" war eine keinesfalls neutrale Bezeichnung,
denn „Jargonkomik", bzw. das „Mauscheln" waren etwas, von dem sich viele
Wiener Juden heftig abgrenzten. Dies geschah mit gutem Grund, war doch eine
angebliche „Würdelosigkeit" des jüdischen Charakters, der in seinem „Mauscheln" bzw. im „Jargon" zum Ausdruck käme, ein fixer Bestandteil des antisemitischen Repertoires.

Wie subjektiv und ideologisch gefärbt solche Wertungen immer waren, zeigt
der Hinweis in einem Feuilleton von Jacques Hannak in der Wiener *Arbeiterzeitung*, wonach die *Klabriaspartie* als „die Mutter aller jüdischen Witze von
Wien bis Neutitschein und von Budapest bis Boskowitz" gegolten habe[35].
Hannak charakterisierte dabei den jüdischen Witz durchaus positiv, unter anderem mit dem etwas zwiespältigen Lob: „selbst der Radauantisemitismus muß
sich, wenn er ‚satirisch' werden will, seine geistige Minderbemitteltheit mit jüdischen Witzanleihen aufputzen".[36]

Hier wäre die Person Heinrich Eisenbachs (1870-1923) mehr als nur eine
flüchtige Anmerkung wert. Ein Vergleich der Karrieren des um ein Jahrzehnt
älteren Eisenbach, einem aus Galizien stammenden „Jargonkomiker", mit dem
Brünner Grünbaum könnte aufschlussreich sein für die Bedingungen von Grünbaums Karriere. Auch Eisenbach wurde als ernsthafter Schauspieler geschätzt,
seine Charakterisierungsgabe wurde gerühmt, und es wurde bedauert, dass er
sein unbestrittenes Talent auf der „Jargonbühne" verschwendete.[37]

Grünbaum und die Revuegirls

Die „Frivolität" der Genres Kabarett und Revue waren Angriffspunkte für die
antisemitische Agitation. So ist es den Biographen ein Anliegen, Grünbaum von
jedem Verdacht, er sei seinen Choristinnen gegenüber je irgendetwas anderes als
„ein vollendeter Kavalier" gewesen, frei zu halten. Trotzdem wirkt gerade die
Schilderung einer angeblich regelmäßig stattfindenden „Busenparade" („da
stellten sich alle leicht bekleideten Girls in einer Reihe auf und Fritz, der ja
selbst nicht höher reichte als bis zu den Dekolletés, ‚belohnte' das schönste, indem er einen Schilling hineinwarf."[38]), wie wir sie bei Arnbom/Wagner-Trenkwitz referiert finden, eher kontraproduktiv.

Die zugeordnete Fußnote zeigt auch, dass es sich hier nur um die Aussage
eines einzigen „Grünbaum-Girls" handelt. Wie eine Nachfrage ergab, geht die

---

34 Vgl. Arnbom/Wagner-Trenkwitz, Grüß mich Gott, S. 58f. und passim.
35 Jacques Hannak: Fünfzig Jahre Klabriaspartie. In: Arbeiterzeitung, 1. 1. 1931, S. 13; siehe auch: Wacks, Orpheumgesellschaft, S. 63.
36 Hannak, Fünfzig Jahre Klabriaspartie, S. 13.
37 Über Eisenbachs Karriere und Repertoire siehe Wacks, Orpheumgesellschaft, S. 80-100.
38 Arnbom/Wagner-Trenkwitz, Grüß mich Gott, S. 54, mit Berufung auf eine persönliche Mitteilung von Margareta Horowitz (geb. 1919).

Anekdote auf einen Vorfall zurück, den Frau Margareta Horowitz 1936 bei einer Aufführung von *Die gestohlene Revue* im Bürgertheater miterlebte.[39] Dazu Frau Horowitz:

> Farkas konnte es nicht leiden, wenn wir uns vor dem Finale abschminkten. Wir mussten bis zum Schluss geschminkt bleiben, auch wenn es drei, vier Vorhänge gab. Die es doch taten, denen wurden ein, zwei Schilling Strafe abgezogen. Farkas kontrollierte das persönlich in der Garderobe. Einige Mädchen, drei, vier nur, schminkten sich aber schon ab, weil sie noch die Straßenbahn erreichen wollten. Farkas bemerkte es und die Namen von diesen Girls standen dann am nächsten Morgen am black board. Grünbaum kam in das Theater, las, was auf dem black board stand, klatschte in die Hände und rief: „Mädels, Busenparade!" Wir stellten uns auf, und Grünbaum – der ein Seelchen von einem Menschen war, so nannten wir ihn auch – gab den drei, vier Mädchen, deren Namen am black board standen, einen Schilling ins Dekolleté. Wir verdienten damals ja nur 4,50 Schilling am Tag.[40]

Die Erinnerung von Frau Horowitz betont also den Gegensatz von Grünbaum und Farkas, und die Großzügigkeit des Komikers, die er mit „Frivolität", die auch Teil seines Images war, bemäntelte.

Grünbaums politische Haltung

Grünbaums politische Einstellung wird von Arnbom/Wagner-Trenkwitz über Anekdoten und Verallgemeinerungen nur punktuell dargestellt. Zu Beginn des Ersten Weltkriegs habe er sich durchaus patriotisch gegeben, bevor er dann „desillusioniert" aus dem Ersten Weltkrieg zurückkam. Er habe sich dann der Sozialdemokratie „angenähert".[41] Wie sich diese Annäherung vollzog, bleibt unklar. Auch hier verschwimmt die konkrete Lebenssituation wieder hinter verallgemeinernden Sätzen über die historische Periode. So erhalten wir keine Einschätzung, ob die Teilnahme Grünbaums am Aufruf *Eine Kundgebung des geistigen Wien* 1927 nun ein für ihn typisches oder eher untypisches Verhalten zeigt. Es wird nur ansatzweise auf eine „verschärfte politische Situation" und die

---

39 Laut Arbom/Wagner-Trenkwitz sei die Revue bereits in der Saison 1933/34 im Bürgertheater aufgeführt worden, 1935 in den Kammerspielen, nicht aber 1936, siehe dazu Arnbom/Wagner-Trenkwitz, Grüß mich Gott, S. 210-211; dem widerspricht die Darstellung, wonach Grünbaum die Revue mit Farkas erst 1935 verfasste, siehe Marcus G. Patka / Alfred Stalzer (Hg.): Die Welt des Karl Farkas, Wien 2001, S. 165. Die Aussage von Frau Horowitz, gestützt auf ein Programm der Revue, bestätigt letztere Angabe (Telefonische Mitteilung von Frau Margareta Horowitz an Thomas Soxberger, 3. Okt. 2005).
40 Telefonische Mitteilung von Frau Margareta Horowitz an Thomas Soxberger, 3. Okt. 2005. In einem weiteren Gespräch bestand sie auch darauf, festzuhalten, dass sie die Mädchen nie als „leicht bekleidet" in einem frivolen Sinne beschrieben habe, sondern dass sie leichte Probenkleidung, im Unterschied zu ihren Kostümen, trugen. Bezahlt wurden die „Girls" übrigens nach Aufführungstagen. Interview T. S. mit Margareta Horowitz, 20. Okt. 2005.
41 Arnbom/Wagner-Trenkwitz, Grüß mich Gott, S. 29.

„emotionale Zeit" hingewiesen.[42] Was die „verschärfte politische Situation" des Jahres 1927 bedeutete (es war das Jahr des Justizpalastbrandes), wird aber in Fußnoten verbannt. Mangelnde Sorgfalt in der Recherche zeigt die, im übrigen durch keine Quellenangabe belegte, Behauptung: „Wohl war er nur einer unter vielen klingenden Namen, aber im Volksmund hieß dieser Aufruf jedoch ‚Fritz-Grünbaum-Aufruf'".[43] Nach Hans Veigl ist diese Bezeichnung allerdings auf Karl Kraus zurückzuführen, der wohl kaum den typischen „Volksmund" repräsentierte.[44]

Unbeantwortet bleibt die Frage, wie Grünbaum, der sich als Unterstützer des Roten Wien zu erkennen gegeben hatte, auf die Zerschlagung der österreichischen Sozialdemokratie in den Jahren 1933/34 reagierte. Noch 1932, in dem erwähnten offenen Brief an Stricker, hatte er seine scharfe Gegnerschaft zu Christlichsozialen, Heimwehren und „Starhembergianern" betont.

Vor diesem Hintergrund stellt der Eintrag für Grünbaum in einem Personenlexikon aus der Zeit des Ständestaates ein bemerkenswertes Detail dar. Im von Marcell Klang herausgegebenen Werk *Die geistige Elite Österreichs: Ein Handbuch der Führenden in Kultur und Wirtschaft*, Wien 1936, findet sich Grünbaum unter der ständestaatlichen Elite wieder. Es wird dort auch auf Grünbaums bedeutende Kunstsammlung hingewiesen, welche ihm, wie wir heute wissen, nur zwei Jahre später durch gezielte Maßnahmen der nationalsozialistischen Behörden geraubt wurde.[45]

Vom Publikumsliebling zur Unperson:
Lücken in der Darstellung der letzten Jahre

Die Geschichte von Grünbaums gescheiterter Emigration wirft eine Reihe von Fragen auf. Die Umstände der missglückten Flucht Grünbaums nach Brünn unmittelbar nach dem „Anschluss" sind bisher ebenso wenig schlüssig dargestellt worden, wie auch die Widersprüche in den Erzählungen über die Umstände von Grünbaums Verhaftung thematisiert wurden.[46] Ebenso bleibt offen, warum sich ausgerechnet der (nach linksradikalen Anfängen) extrem rechtskonservative

---

42 Arnbom/Wagner-Trenkwitz, Grüß mich Gott, S. 55.
43 Arnbom/Wagner-Trenkwitz, Grüß mich Gott, S. 56.
44 Vgl. Veigl, Grünbaum-Monument, S. 59.
45 Vgl. Arnbom/Wagner-Trenkwitz, Grüß mich Gott, S. 203, Anm. 20. Der Schriftsteller Marcell Klang, geb. 13. Mai 1876, wurde 1942 von der Gestapo verhaftet und am 20. 6. 1942 in das KZ Mauthausen überstellt, 5 Tage später, am 25. 6. 1942, kam er dort um. Siehe: Nicht mehr anonym. Fotos aus der Erkennungsdienstlichen Kartei der Gestapo Wien, unter: http://www.doew.org/php/gestapo/index.php?c=detail&l=de&id=6195; (29. September 2005).
46 Vgl. Veigl, Grünbaum-Monument, S. 65; dem widersprechende Angaben bei Arnbom/Wagner-Trenkwitz, S. 74.

Publizist Willy Schlamm, auf Initiative Friedrich Torbergs, um die Freilassung Grünbaums bemühen hätte sollen.[47]

Die fundierte Darstellung des Schicksals von Grünbergs Kunstsammlung durch Sophie Lillie zeigt, dass eine gründliche Recherche auch bisher als gesichert geltende Fakten zu revidieren zwingt, dass aber aufgrund der Quellenlage viele Fragen nach wie vor offen bleiben müssen.[48] Die Angabe, dass Lilly Grünbaum angeblich die Ausreiseformalitäten erfolgreich erledigt hatte, aber nicht mehr zu ihrem kranken Mann vorgelassen worden sei, wenige Tage bevor Grünbaum plötzlich an „Herzschwäche" starb,[49] lässt den Verdacht seiner gezielten Ermordung als Abschluss der planmäßigen Beraubung und Verfolgung eines prominenten Gegners des NS-Regimes aufkommen. Hier fehlt es jedenfalls an einer kritischen Sichtung und Zusammenführung aller verfügbaren Fakten.

„Will the Real Fritz Grünbaum Please Stand Up?"

Eine wissenschaftliche Biographie von Grünbaums Leben müsste sich der (nur durch pedantische und wissenschaftlich-humorlose Kleinarbeit realisierbaren) Aufgabe widmen, nach dem Verhältnis zwischen der öffentlichen Persona, dem „Grünbaum, den jeder kennt", und jenem Grünbaum, der an genau dieser Persona Jahrzehnte lang akribisch gearbeitet hatte, zu fragen.

Was, so könnte eine Frage lauten, war die Triebfeder für Grünbaum, sich als der „kleine witzige Jud'" zu stilisieren, der die Gojim – gerade die Antisemiten – zum Lachen brachte? Inwieweit bediente er sich der Klischees vom urbanen, intellektuellen, wendigen, frivolen Juden, und wie unterlief er sie durch eine subversive Rhetorik?

Die fast stereotype Betonung des „typisch jüdischen" Humors Grünbaums[50] erzeugt jedenfalls ein zwiespältiges Gefühl. Einerseits wird damit Grünbaums jahrzehntelange, kontinuierliche Arbeit in der Unterhaltungsbranche, durch die er sich als ein Paradigma des „jüdischen Kabarettisten" etablieren konnte, gemindert, ohne dass andererseits geklärt wird, in welcher Beziehung seine Kunst zu den vielfältigen Wiener Traditionen jüdischer „Unterhaltungskünstler" steht. Es sollte thematisiert werden, inwiefern es tatsächlich berechtigt ist, Grünbaum einen Vertreter der „Jargonkomik" zu nennen, und wo er eigene Wege ging.

---

47 Vgl. Arnbom/Wagner-Trenkwitz, Grüß mich Gott, S. 82f.
48 Vgl. Sophie Lillie: Die tote Stadt. Das ungeklärte Schicksal der Kunstsammlung Fritz Grünbaum. In: Arnbom/Wagner-Trenkwitz, Grüß mich Gott, S. 147-160.
49 Vgl. Veigl, Grünbaum-Monument, S. 11, die Quellenangabe ist dort unklar. Es handelt sich um Aussagen von Karl Schnog: Das Ende eines Spaßmachers. In: Helga Bemmann (Hg.): Mitgelacht dabei gewesen. Erinnerungen aus sieben Jahrzehnten Kabarett. Berlin 1973. Ordner „Grünbaum", Archiv JMW (siehe Anm. 1). Keine Erwähnung dieser Episode findet sich bei Arnbom/Wagner-Trenkwitz.
50 So Christoph Wagner-Trenkwitz in Berufung auf Sigmund Freuds Arbeit über den jüdischen Witz. Siehe Christoph Wagner-Trenkwitz: Freud und Leid. Fritz Grünbaum und „Der Witz". In: Arnbom/Wagner-Trenkwitz, Grüß mich Gott, S. 179-191.

Der Begriff der „Jargonkomik" macht deutlich, dass wir es hier mit einem durchaus problematischen kulturgeschichtlichen Erbe zu tun haben. „Jargonkomik" war ein subversiver Witz, der dadurch entstand, dass vorgebliche Schwierigkeiten jiddischsprachiger Juden mit dem Hochdeutschen bewusst überzeichnet wurden, um dadurch eine Sprache voller Doppelbödigkeiten und Nuancen zu erzielen, die heute oft unverständlich bleiben müssen. Die festzustellende Renaissance von Grünbaums „Witz" scheint aber heute nicht zuletzt durch die zeitliche Distanz ermöglicht und im Kontext einer spezifisch österreichischen strategischen Amnesie zu geschehen. So ist es möglich, in Grünbaum vor allem die „komische Figur" zu sehen, wo frühere Generationen in erster Linie den „komischen Juden" sahen. So lässt sich dann die polarisierende Wirkung, die für die Zeitgenossen Grünbaums bestand, als „zeitbedingt" relativieren.

Wenn aber in Grünbaum mehr gesehen werden soll als der Komiker, dessen Texte heute noch Unterhaltungswert besitzen, so kann er nur vor den Gegebenheiten seiner Zeit verstanden werden, was eine umfassende Analyse seines kulturellen Hintergrundes voraussetzt. Definitionen, die etwa Grünbaum „dem assimilierten jüdischen Bürgertum"[51] der Monarchie zuweisen, wären kritisch auf ihren Gehalt zu hinterfragen. Grünbaums Familiengeschichte scheint eher nicht von Generationen jüdischen Bürgertums bestimmt, sie zeigt vielmehr den Kampf um sozialen Aufstieg (oder gegen den sozialen Abstieg, je nachdem) eines jüdischen Kleinbürgertums in einer Zeit, als sich das Bürgertum der Monarchie zunehmend national definierte und dabei den Antisemitismus als sozialpolitische Waffe einsetzte.

Grünbaums Bühnenkarriere begann mit dem Ende der Ära Lueger. Das politische Klima seiner Jugend ist also von Luegers spezifischen populistischen Antisemitismus, vom Beginn des politischen Zionismus und vom Scheitern des „Ausgleichs" mit den Tschechen geprägt.

Ein biographischer Zugang, der sich darauf beschränkt, Anekdoten aneinanderzureihen, ist – wie meine Beispiele gezeigt haben – methodisch zutiefst fragwürdig. Hier wird eher an Legenden weitergesponnen, als dass diese auf ihre Stichhaltigkeit und Bedeutsamkeit hinterfragt werden. Hinter dem „witzigen" Fritz Grünbaum wird ein sehr ernsthafter Franz Friedrich Grünbaum hervortreten – wenn sich die biographische Forschung von der Fortschreibung von Legenden lösen kann.

---

51 Arnbom/Wagner-Trenkwitz, Grüß mich Gott, S. 15.

Unterhaltung[3]
Gedanken zur Spannung im Raum

Werner Hanak

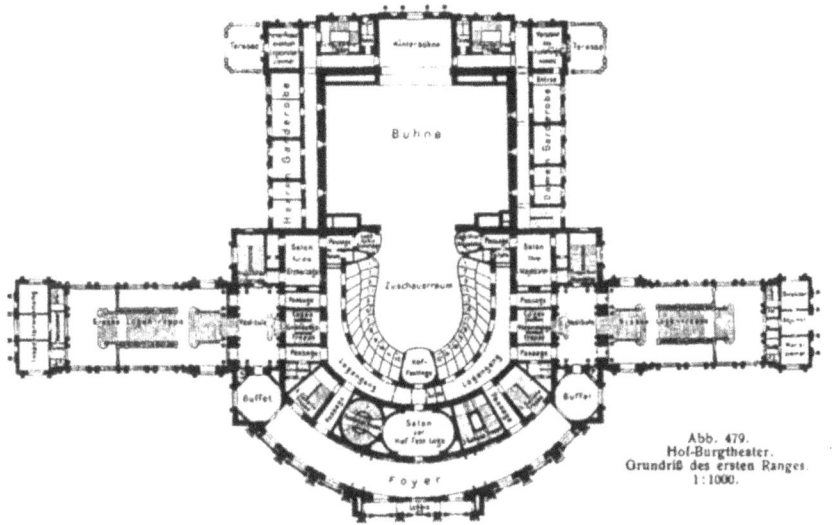

Abbildung aus „Wien am Anfang des 20. Jahrhunderts", Wien 1906.

„Grüß Gott und herzlich willkommen in dieser wunderschönen Mehrzweckhalle!"

So begrüßte der bayrische Kabarettist Gerhard Polt sein Wiener Publikum am Beginn der 1990er Jahre. Das Publikum konnte sich nicht halten vor Lachen, war es doch nicht irgendein Publikum. Schließlich war es das Wiener Burgtheaterpublikum, und dieses Burgtheaterpublikum lachte über die Frechheit, die aus einer bewussten Missdeutung eines Raumes bestand, und die dieses hehre Haus und damit auch sein Publikum herabwürdigte, es zu einem Ort seichter Unterhaltung machte. Doch auch sich selbst zog der Kabarettist in dieses großartige Abwertungsspiel mit ein und drückte nichts anderes aus als seine eigene Deplaciertheit als kabarettistischer Alleinunterhalter mit ländlich bayrischem Dialekt in einer heiligen Halle des Wiener Bildungsbürgertums.

Welche Unterhaltung hat welche Räume hervorgebracht? In welcher Beziehung steht der Raum zur Unterhaltung, die in ihm stattfindet? Und welcher Raum erscheint für welche Unterhaltung geeignet? Diese Fragen umreißen einen Themenkomplex, dem ich den Titel *Unterhaltung³. Gedanken zur Spannung im Raum* gegeben habe. Das *Unterhaltung hoch 3* weist zum einen auf die räumliche Komponente hin und meint „Unterhaltung kubisch, räumlich gesehen". Zum anderen werde ich auf den Begriff „Unterhaltung" selbst eingehen, denn in ihm stecken so manche Überraschungen und mehrere Bedeutungen, denen ich nun gleich einmal nachgehen möchte.

Der Tisch und die Herde: Unterhaltung zwischen Dialog und Existenz

Als „Unterhaltung" bezeichnen wir zum einen ein Gespräch zwischen zwei oder mehreren Menschen. Ein Paar unterhält sich auf einer Parkbank, zwei FreundInnen treffen sich im Caféhaus und unterhalten sich angeregt.

Unterhaltung im Caféhaus. Cafe Diglas, Wien 2005, Foto W. H.

Diese Unterhaltung ist also eine Unterhaltung im Sinne eines Dialogs. Hinter dem Begriff Dialog steckt das griechische Wort „diálogos", „Zwiegespräch, Wechselrede", in dem „lògos", die Rede, das Wort, die Vernunft zu finden ist.

Das deutsche Wort „unterhalten" beinhaltet wiederum das Wort „halten", und dazu findet sich im Herkunftswörterbuch, dass es „ursprünglich im Sinn von ‚Vieh hüten, treiben und weiden'" verwendet wurde.

Das deutsche Wort „unter" von „unterhalten" wuchs aus den lateinischen Wörtern „infra" (unter) und „inter" (zwischen) zusammen, im Wort *unterhalten* finden sich tatsächlich beide Bedeutungen. „Zwischen" und „unter", im Sinn von „zusammenhalten". Dies beschreibt auch die Tätigkeit des Viehhütens, die noch heute in manchen Gegenden der Welt, insbesondere in nomadischen Gesellschaften, eine Lebensgrundlage darstellt. So ist es nicht verwunderlich, dass die erste Bedeutung von unterhalten eine ganz existenzielle war und noch immer ist: „die Existenz einer Person oder einer Sache sichern". Das dazupassende Hauptwort ist der Unterhalt, das laut Etymologie-Duden seit dem 17. Jahrhundert existiert. Im 18. Jahrhundert kam dann die Unterhaltung im Sinn von „sich die Zeit vertreiben, sich erfreuen", und eben „ein Gespräch führen", dazu.

Das Zusammenhalten lässt sich nicht nur im deutschen „Unterhalten" finden, sondern auch im englischen *entertaining*. Es wurde vom mittel-französischen *entretenire* entlehnt, und das hieß in seiner Grundbedeutung auch nichts anderes als „zusammenhalten", gebildet aus den lateinischen Wörtern *inter* und *tenere*. Wir sehen: Auch die lateinischen Ursprungswörter sprechen hier die gleiche Sprache.

Das Bild, das beim Begriff „zusammenhalten" in meinem Kopf entsteht, erscheint mir für den Gedankenprozess rund um die *Unterhaltung* sehr brauchbar. Es hat etwas von Spannung halten. Und wenn wir uns das Wort „unterhalten" im dramaturgischen Sinn vergegenwärtigen, dann scheint es gut zu passen: Damit etwas zusammenhält, stützt man es, unterstützt es, hält schützend etwas darunter, hält es zusammen.

Die Tätigkeiten des Spannungshaltens und Zusammenhaltens bringen natürlich unweigerlich die Frage nach dem, was man zusammenhält, mit sich. Dabei wird klar, dass ein drohendes Auseinanderfallen im Raum steht, dass also immer die Möglichkeit von Spannungsverlust besteht. Im Rahmen des Dialogs am Tisch, der ersten Form der Unterhaltung, die ich heute angeschnitten habe, hieße das Auseinanderfallen oder der Spannungsverlust Stille, Schweigen, Pause, oder eben das Ende der Unterhaltung.

Diese Unterhaltung kann überall stattfinden, in der U-Bahn oder auf der Straße. In den wechselhaften und kühleren Breitengraden findet eine solche Unterhaltung zumeist in einem Innenraum statt. Ein Symbol für die Unterhaltung zu zweit ist der Tisch, um den zwei oder mehrere Sesseln stehen. Nicht gemeint ist der Arbeits-, Schreib- oder Warentisch, sondern der Restaurant-, Caféhaus- oder Wohnzimmertisch. Dieser Tisch ist ein wunderliches Ding. Er ist ein dialogisches Möbel. Er ermöglicht und verlangt das Gegenüber von mindestens zwei Menschen, weshalb im Restaurant immer für mindestens zwei Personen gedeckt ist. Wer alleine ist, hat meist ein Ersatzmedium zur Hand: Eine Speisekarte, eine Zeitung, ein Buch, einen Notizblock, einen Laptop oder ein Handy. Menschen, die all das nicht haben und alleine am Tisch sitzen, machen oft einen verlorenen Eindruck.

Alleine am Tisch. Restaurant Yellow, Wien 2005, Foto W. H.

Der einzige Esstisch, der auch alleine gut zu meistern ist, ist die Bar im American Diner, an der man nicht nur sitzen, sondern auch essen kann. Hinter dieser Bar gibt es mit der Kellnerin oder dem Kellner einen Simultangesprächspartner, der diesen alleine essenden Menschen ein dialogisches Tisch-Gefühl vermitteln kann.

Der Tisch aber verlangt nicht nur den Dialog, er ermöglicht auch eine Chancengleichheit der Gesprächspartner. Zwar können auch die Plätze an einem Tisch hierarchische Bedeutungen tragen[1] – vom Kopf des Tisches lässt sich beispielsweise ein Gespräch oder auch eine ganze Tischgesellschaft besser kontrollieren oder beherrschen –, immerhin aber garantiert ein Tisch die selbe vertikale Ausgangslage: Keiner der Gesprächspartner sitzt auf einem Thron, keiner muss vor dem anderen knien. Beide Gesprächspartner sitzen am selben Tisch und sind in räumlicher Hinsicht gleichberechtigt, weswegen der runde Verhandlungstisch ein Symbol für eine gerechte Ausgangsposition zwischen zwei und mehreren Parteien geworden ist.

---

1 Nicht nur der Platz am Tisch, sondern auch seine Stellung im Raum entscheidet über seine Qualität. Beispielsweise ist es ein Unterschied, ob man mit dem Rücken oder mit dem Gesicht zum Eingang sitzt.

Spannung zwischen ungleichen Polen: Bühne und Zuschauerraum

In der Unterhaltung zwischen zwei oder mehreren Gesprächspartnern markieren der Tisch und sein Umfeld den Spannungsraum. Komplizierter wird das räumliche Verhältnis, wenn es um die Unterhaltung im Theater oder im Kabarett geht. Damit diese Form der Unterhaltung funktioniert, reicht es nicht, wenn die Spannung nur von Sessel zu Sessel hält. Die Spannung muss sich zwischen dem Bereich der Sitzenden und dem kultischen Raum einer Bühne, wo sich ebenfalls ein Gespräch bzw. ein Geschehen entwickelt, aufbauen.

Wenn wir uns nun an den Gedanken des Spannungsverlusts erinnern, können wir erkennen, wie nah sich Unterhaltung am Tisch und Unterhaltung zwischen Bühne und Zuschauerraum eigentlich sind. Der abgebrochene Dialog, der Dialog, der keinen Dialog nach sich zieht, der Pausen entstehen lässt, ist sowohl am Tisch in einem Lokal als auch im Kabarett eine schreckliche Vorstellung. Die Stille an einem Tisch, an dem wir zu zweit oder in Gesellschaft sitzen, ist für manche Menschen ähnlich schwer zu ertragen wie für einen Kabarettisten das fehlende Lachen nach einer als todsicher angenommen Pointe, oder das fehlende Klatschen am Ende seines Programms.

Nicht ganz so schrecklich, aber ebenfalls unerträglich kann die krampfhafte Gegenwehr gegen diese Stille sein, nämlich der geschwätzige Dialog oder Monolog am Tisch, der die drohende Stille abwenden soll, oder ein kaskadenhafter Wortschwall eines Kabarettisten, oder aber das Zudröhnen durch den Fernseher, das Zappen des Zusehers, der jeden Spannungsabfall, jedes Loslassen der Unterhaltung auf Biegen und Brechen vermeiden möchte. Wenn „Kulturpessimisten" an den Begriff der Unterhaltung denken, vor dem sich viele von ihnen fürchten, denken sie selten an die schönen Seiten der Unterhaltung, sie denken vielmehr an die Tätigkeiten, die ich gerade beschrieben habe, an die Rettungsversuche zur Erhaltung der Spannung, die man eben dann setzt, wenn es keine „Gute Unterhaltung" gibt.

Ich habe nun zwei wichtige Unterhaltungssituationen, die in unterschiedlichen Räumen stattfinden, skizziert. Zum einen die Unterhaltung am Tisch, in einer Bar, einem Gasthaus, einem Cafe, der die Gleichheit der Beteiligten betont; zum anderen die Unterhaltung im klassischen Theaterraum, die aus der Spannung zwischen Bühne und Zuschauerraum entsteht. Wenn ich diese beiden Situationen vor mir sehe, denke ich auch an den Übergang, den es immer wieder zwischen der ersten und der zweiten Situation gibt. Folgende Bilder kommen mir da in den Sinn:

- Ich spreche mit meinem Sitznachbarn, Applaus setzt ein und die Orchestermitglieder betreten die Bühne des Konzerthauses, wir wenden unsere Blicke zur Bühne und verstummen.
- Ich spreche mit meinem Sitznachbarn und der Hauptfilm beginnt, wir richten unseren Blick auf die Leinwand, verstummen und halten alle anderen, die sich jetzt noch weiter unterhalten, anstatt sich unterhalten zu lassen, für Banausen.

- Ich scherze mit meinem Tischnachbarn, wir essen und trinken. Das Licht geht aus, der Kabarettist betritt den einzig beleuchteten Raum, die Bühne. Wir klatschen und etwas später werden wir nicht mehr über unsere eigenen Witze lachen, wir Tischnachbarn werden uns in die Augen schauen, uns biegen vor Lachen, aber diesmal über das, was da von der Bühne herunterkommt.

Zur Eröffnung der Nestroysäle. Illustriertes Wiener Extrablatt vom 26. November 1899.

Der offene Raum des Kabaretts

Die letzte hier von mir beschriebene Szenerie ist typisch für das Kabarett. Das Kabarett hat einen „Zwitterraum" erzeugt, in dem Unterhaltung zwischen Zuschauern und Bühne sowie Unterhaltung zwischen am Tisch sitzenden Menschen funktioniert. Eine Abbildung der Nestroysäle, jenem Jugendstiltheater, das nun am Nestroyplatz wieder neu entdeckt wurde, aus dem *Illustrierten Wiener Extrablatt* vom 26. November 1899, illustriert diesen Gedanken: Wir sehen einander bekannte und unbekannte Menschen rund um einen Tisch sitzen. Dennoch sind die Mehrheit der Körper, Blicke und ihre Aufmerksamkeit auf die Bühne gerichtet. Die Aufmerksamkeit im Kabarett ist also eine offene, flexible, ungezwungene. Als Zuschauer teile ich sie zwischen meinen gleichgestellten Nachbarn rund um den Tisch und der Person im kultischen Bühnenbereich auf.[2] Meine Aufmerksamkeit im Kabarett ist nicht nur hinsichtlich der Bühne, sondern auch hinsichtlich des ganzen Raumes multifokal.

---

2 Zwar richten die Zuschauer auch im traditionellen Theaterraum und im Kino ihre Blicke nicht nur auf Bühne und Leinwand, doch ist die Kommunikation unter den Zuschauern selbst weniger ausgeprägt als im Kabarett.

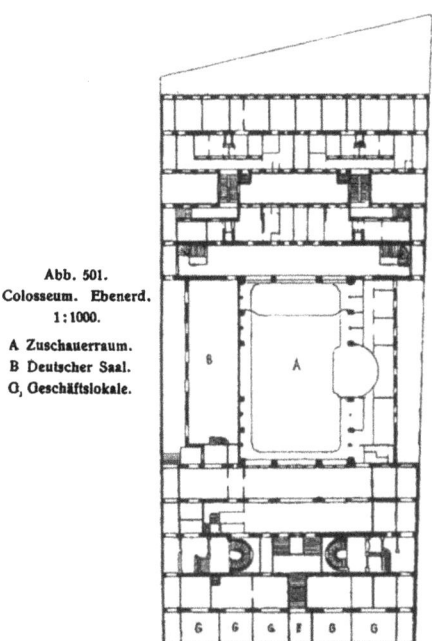

Abb. 501.
Colosseum. Ebenerd.
1:1000.
A Zuschauerraum.
B Deutscher Saal.
G, Geschäftslokale.

Grundriss des Etablissements Colosseum.
Abbildung aus „Wien am Anfang des 20. Jahrhunderts", Wien 1906.

Dieses „Lebensgefühl" der Kabarettbesucher drückt sich auch in der Architektur aus, die Etablissements weisen im Wien der Jahrhundertwende zum Teil eine Ähnlichkeit mit Salons, Gasthäusern, oder mit dem, was man auch in Wien bald als Bar bezeichnen wird, auf. Auf einem Grundriss des Etablissements „Colosseum" um 1906 ist eine kleine Bühne zu erkennen. Sie wurde anstelle eines Wintergartens eingebaut und beansprucht nur wenig Platz.[3]

---

3 Der offen gestaltete Zuschauerraum des Etablissements „Colosseum" im Jahr 1906 erinnert in seinem Grundriss mit der kleinen Bühne sogar an einen Raumtyp, der an der Oberfläche überhaupt keine Ähnlichkeit mit einem theatralen Raum zu haben scheint. Ich meine den Ausstellungsraum, in dem es keine Bühne gibt oder alles Bühne ist, in dem der Zuschauer zum Besucher, und damit zum Suchenden wird, ein Raum, in dem der Sitzende aufsteht, selbst geht, und den Dialog mit den Dingen, die da als gespeicherte Informations- und Unterhaltungsträger auf ihn warten, beginnt oder auch nicht. In dem Raum, in dem einst das „Colosseum"- Etablissement untergebracht war und in dem bis vor kurzem ein Kino beherbergt war, ist nun ein Supermarkt eingezogen. Tatsächlich haben sowohl das Etablissement „Colosseum" als auch die kunst- und kulturhistorische Ausstellung sowie der Supermarkt in ihrem Grundriss und ihrer Struktur vieles gemein: Handel treiben heißt heute Shopping und folgt wie die Ausstellung unzähligen dramaturgischen Regen.

In den Raum, in dem einst das Colosseum-Etablissement untergebracht und bis vor kurzen ein Kino beherbergt war, ist nun ein Supermarkt eingezogen. Kein Wunder, möchte man meinen, haben doch sowohl das Etablissement Colosseum und der Ausstellungsraum in ihrem Grundriss als auch die kunst- und kulturhistorische Ausstellung und der Supermarkt in ihrer Struktur vieles gemein.

Wo einst das Colosseum war: Der Supermarkt als Ausstellungsraum, Foto W. H.

Ganz anders dagegen die architektonische Formensprache der Theater, die mit ihren großen Bühnen und der strengen Platzierung und Einreihung des Publikums weniger den Salons gleichen als vielmehr den religiösen Stätten ihrer Zeit. Nichts zeigt dies besser als der Vergleich von Grundrissen von Wiener Theatern, Kirchen und Synagogen aus der Zeit vor 1900. Während Theater und Kirchen eine größere „Bühne" als Synagogen vorweisen, gleichen sich bei allen drei Raumtypen die strengen Sitzeinteilungen.

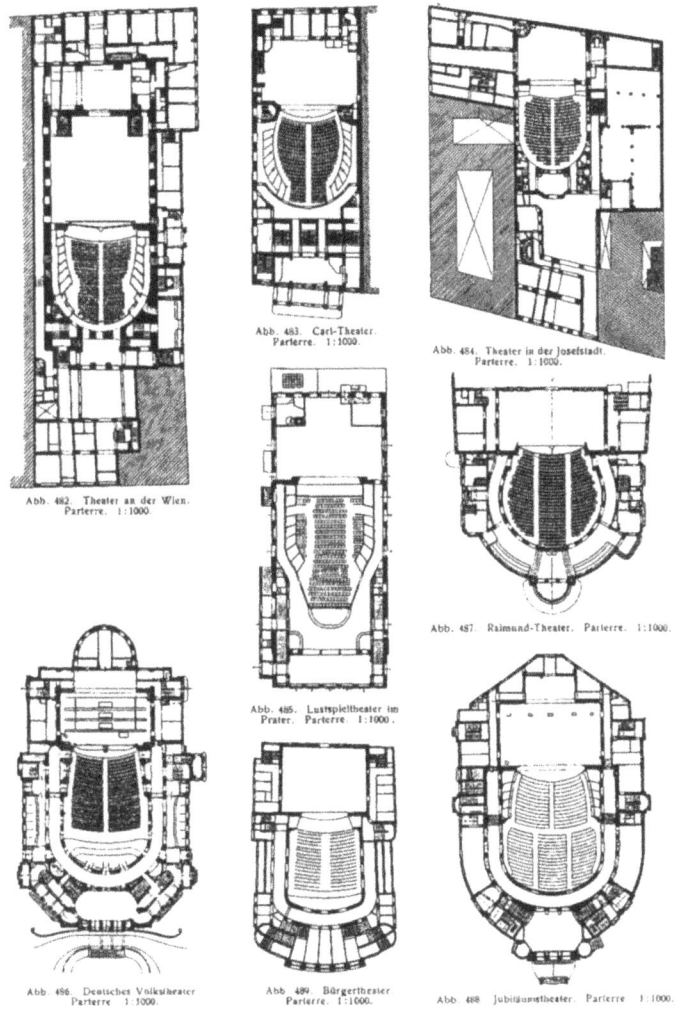

Grundrisse von Wiener Theatern. Abbildung aus: „Wien am Anfang des 20. Jahrhunderts", Wien 1906.

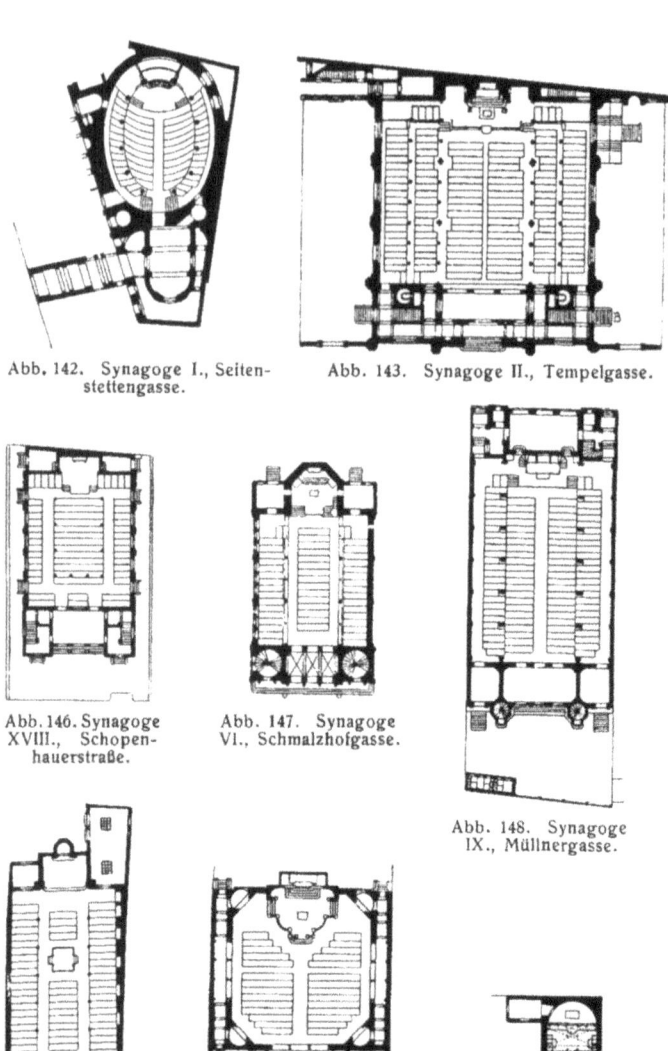

Abb. 142. Synagoge I., Seitenstettengasse.

Abb. 143. Synagoge II., Tempelgasse.

Abb. 146. Synagoge XVIII., Schopenhauerstraße.

Abb. 147. Synagoge VI., Schmalzhofgasse.

Abb. 148. Synagoge IX., Müllnergasse.

Abb. 151. Synagoge II., Leopoldsgasse.

Abb. 152. Synagoge II., Zirkusgasse.

Abb. 153. Serbische Kirche, III., Veithgasse.

Grundrisse von Wiener Synagogen. Abbildung aus: „Wien am Anfang des 20. Jahrhunderts", Wien 1906.

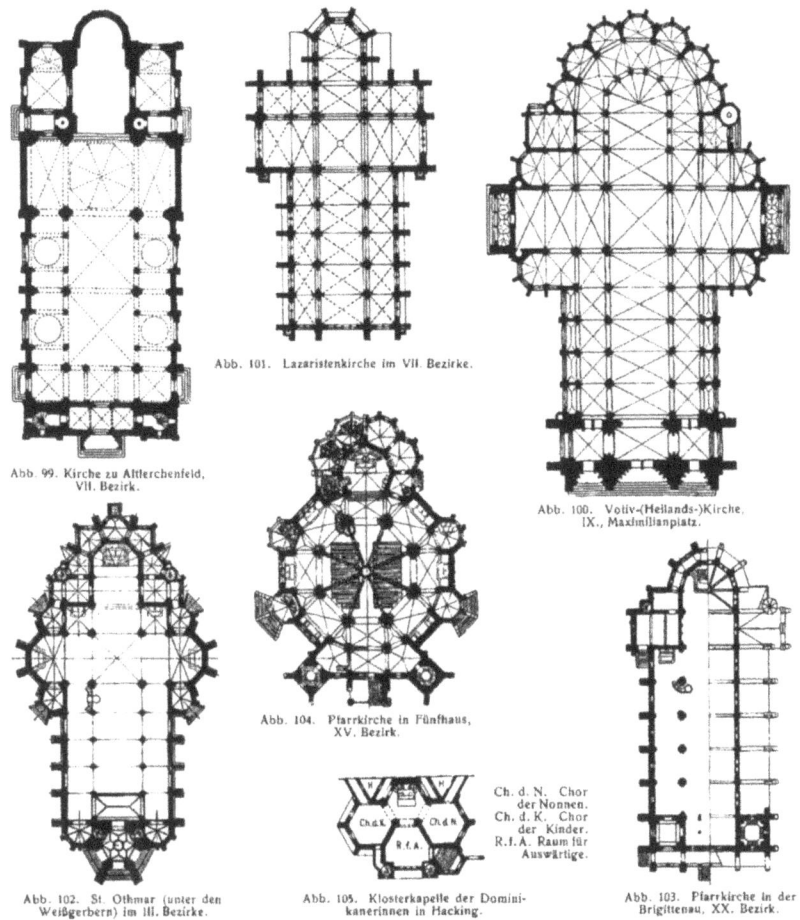

Grundrisse von Wiener Kirchen. Abbildung aus „Wien am Anfang des 20. Jahrhunderts", Wien 1906.

Nochmals zurück zum Kabarett und dem Raum, der es ermöglicht. Das, was Spannung im Kabarettraum im Gegensatz zur Spannung im Theater oder Konzertraum ist, wie sich also die Multifokalität der Aufmerksamkeit des Publikums im Kabarett in der Offenheit des Spannungsraumes bemerkbar macht, hat wohl niemand so schön beschrieben wie Peter Altenberg, dessen Literatur auch eine Literatur der multifokalen Aufmerksamkeit ist: 1907 schuf Altenberg einen Text, den Lina Vetter dann nachdenklich, den Kopf auf einem Fauteuil aufgestützt, anlässlich der Eröffnung des Kabaretts „Fledermaus" rezitierte.

Kabarett Fledermaus, Programmheft

Die Raumaufteilung der „Fledermaus" lässt erkennen, welchen geringen Stellenwert eigentlich die Bühne im Gegensatz zum Zuschauerraum hatte. Auch einem Ausstellungsraum ist die „Fledermaus" nicht unähnlich. Hier sind es keine Ausstellungsobjekte sondern die Zuschauer selbst, die sich in Szene setzen können, wie der Text von Altenberg/Vetter zeigt:

> [...] Die traute Stube macht mich traurig, [...] denn das Gewohnte macht mich müd und krank. Konzert, Theater, allzuschwere Kost auf engen Sitzen in dunstigem Saale! Ich träume einen nicht zu weiten Raum, wo Freiheit herrscht, Bequemlichkeit, Kunst und Kultur zugleich, und frische Luft für unsere armen Lungen! Denn nur vom Sauerstoff kommt unsere leichte Laune! In solchem Raume möchte ich mit ganz fremden Menschen weilen, die gleich mir, auszuruhen wünschen, von irgend einem Zwange! Ich möchte an einem Tischchen meine eigene Herrin sein, nicht Gastgeberin noch Gast, tun, was mir beliebt im Augenblicke, essen, trinken, rauchen, begeistert sein oder ins Leere starren, wie es sich ergibt in unberechenbarer Laune, und Aug und Ohr den mannigfaltigen Vorgängen einer kleinen Bühne zuwenden, großmütig ihnen meine innere Aufmerksamkeiten schenken, falls es mir so genehm ist. Ich will dem Dufte einer edlen Zigarette vielleicht mehr nachhängen, momentan, als einem noch so schönen Liede, und einem Liede wieder mehr vielleicht als einem Blick der mich sehnsüchtig trifft vom Nebentische! Ich will begeistert sein bei Dem und kalt bei Jenem! Vielfältig überhaupt sei das Leben des Tages und der Stunde für uns, die sogenannten Sorglosen! Uns're tiefste Sorge aber ist, wie wir den Tag hinbringen ohne Sorge! Denn das Gespenst „Langweile" bedroht uns immerzu. Es bannen können, heißt fast: kultiviert sein! So träume ich mir einen Raum, wo Freiheit herrscht, Bequemlichkeit, Kunst und Kultur zugleich! Wird er ersteh'n? !? In meinen Träumen ist er![4]

---

4   Prolog von Peter Altenberg, Kabarett Fledermaus, 1. Programmheft, 1907; zit nach: Peter Altenberg – Extracte des Lebens. Einem Schriftsteller auf der Spur. Heinz Lunzer, Viktoria Lunzer-Talos (Hg.). Salzburg, Wien, Frankfurt a. Main: Residenz, 2003, S. 145.

Dieser Text spricht jene Freiheit des Individuums im Angesicht der Kunst an, die Freigeister wie Altenberg gefährdet sahen. Dabei ist es überraschend, dass Altenberg diese Freiheit nicht durch ‚seichte' Unterhaltung, sondern durch ‚hehre Kunst' angegriffen sah. War das Publikum um 1900 von der Ernsthaftigkeit der anbrechenden Moderne überfordert und suchte diesem Defizit mit moderner Unterhaltung zu begegnen? Ist es Zufall, dass das Kabarett „Fledermaus" gerade in jenem Jahr aufsperrte, in dem Gustav Mahler als Hofoperndirektor abdankte? Vielleicht wird der Satz in Altenbergs Eröffnungsmonolog über „Konzert, Theater, allzuschwerer Kost auf engen Sitzen in dunstigem Saale!" verständlicher, wenn wir uns vor Augen führen, dass Mahler gleich nach dem Antritt seiner Direktion 1897 veranlasste, die Türen der Logen und des sonstigen Zuschauerraumes nach dem Beginn der Ouvertüre von außen zu sperren. Mahler wollte so erreichen, dass die gesichtsbadsüchtigen Wiener Operngäste in der Oper rechtzeitig erscheinen, dass sie Oper ernst nehmen, dass sie vor allem wegen der Kunst, nicht nur wegen des gesellschaftlichen Ereignisses kommen. Diese Maßnahme Mahlers macht verständlich, dass in Zukunft in der Kommunikation zwischen den Künstlern auf der Bühne und den Zuschauern im Parkett das Pendel in Richtung Kunst und Künstler ausschlagen würde. Ein Kabarett wie die „Fledermaus" war hingegen ein Ort der Emanzipation der Zuschauer, in dem sie Raum und Luft zum Atmen hatten und nicht alles willenlos „auf engen Sitzen in dunstigem Saale" entgegennehmen mussten. *Davon* vor allem spricht der Text, den Altenberg zur Gründung des Kabaretts „Fledermaus" geschrieben hat.

Die 1920er Jahre: Vom Genießer zum „Auge und Ohr"

Zu dieser Behaglichkeit gehörte auch eine freiere Rolle des Zuschauers. Die Menschen im Kabarett konnten nicht nur trinken, sondern auch rauchen. Der Altenbergtext spricht vom „Duft edler Zigaretten", noch dazu in einem Atemzug mit dem Wunsch nach „Sauerstoff" und „frischer Luft für unsere armen Lungen". Kabaretts waren und sind noch heute auch Orte des Konsums von entspannungsfördernden und wahrnehmungsverändernden Essenzen, wie etwa Tabak und Alkohol. In diesem Punkt ist das Etablissement oder das Kabarett dem archaischen Kultort nicht unähnlich, und auch nicht der von mir schon genannten Bar, diesem energiegeladenen Ort, wo sich selbst in ihre Maßanzüge eingeschlossene Finanzberater nur wenige Minuten nach Verlassen des Büros mit Hilfe von Musik, Licht, Rauminszenierung und Alkohol in befreite Visionäre verwandeln können.

Theater oder Kabaretts, die mit kommunikationsfördernden Tischen und mit Aschenbechern ausgestattet waren, nannte man in Wien früher Rauchtheater. Und genau so eines wurde 1914 im Haus Praterstraße 25 eröffnet. Es war zu Beginn einer der Spielorte des „Budapester Orpheums"

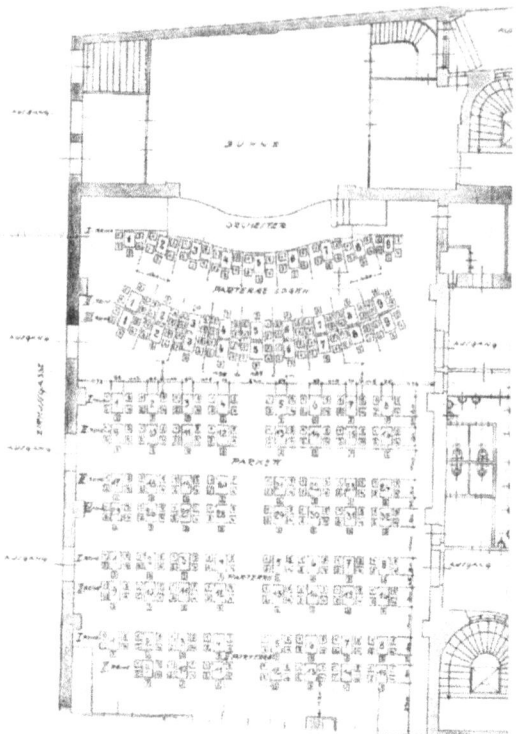

Grundriss des Budapester Orpheums, nach 1914.

und wurde 1919, also in den frühen Tagen der ersten Republik, als „Rolandbühne" wiedereröffnet. Die Entwicklung der „Rolandbühne", ihrer Dramaturgie und ihrer Innenarchitektur, ist symptomatisch für die Unterhaltungstheater der 1920er Jahre. Der Ablauf des Abends entwickelte sich vom offenen Nummernprogramm, das um einen Einakter gruppiert war, zur Revue und zum Boulevardstück mit Filmeinspielungen. Parallel dazu fand ein Umbau des Zuschauerraums mit Tischen in ein Theater mit fixen Sitzreihen statt.

Wie offen das Programm in einem solchen Rauchtheater war, erfahren wir aus dem *Neuen Wiener Tagblatt*, das die Eröffnung der Rolandbühne im Sommer 1919 folgendermaßen ankündigte:

> Wiener Humor, Wiener Musik und Wiener Frauenanmut sind in dem Eröffnungsprogramm vereint. Die klassischen Repräsentanten echten Humors, Gisela Werbezirk, Hans Sachs, dazu die temperamentvolle Soubrette Mitzi Freihardt und andere erste Bühnenkünstler dürften im Sketch „Das Riesenkind" und im Fragespiel „Dagobert, wo bist du?" (Musik Robert Stolz) wohl großen Beifall finden. Dr. Egon Friedell, der feinsinnige Satiriker, bringt eine Serie neuer Vortragsstücke. Franzi Ressel, die beliebte Kabarettiere, repräsentiert in ihrer charmanten Eigenart die Wiener Note. Eine große artistische Tanz-

nummer (Musik Ralph Benatzky) bringt reizende szenische Bilder. [...] Ein Chanson vivant von Stolz in überaus aparter musikalischer Inszenierung dürfte sich zu einer kleinen musikalischen Sensation gestalten. Jedenfalls trägt die ganze Zusammenstellung des ersten Programms das Gepräge großzügiger, zielbewusster Vorbereitung.[5]

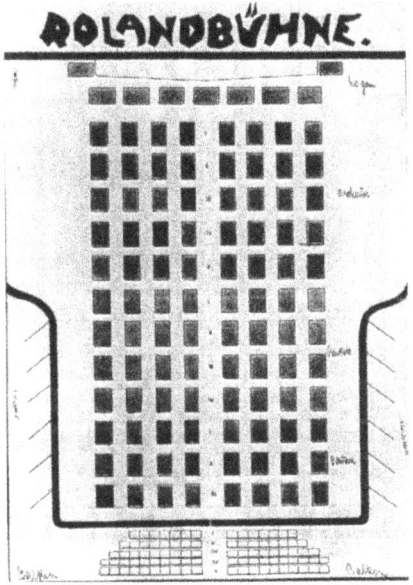

Skizze der Bestuhlung der Rolandbühne, 1919.

Der Zuschauerraum hatte in der ersten Zeit der „Rolandbühne" das Aussehen eines typischen Rauchtheaters: Die Zuschauer saßen an runden Tischen, die in 13 Reihen aufgestellt waren. In den ersten drei Jahren nach der Eröffnung (1919 bis 1922) wurden hier Programme wie das oben beschriebene aufgeführt, Karl Farkas führte Regie, Hansi Niese gab Gastspiele, aber auch die Jüdische Bühne, die Freie Jüdische Volksbühne und die Wilnaer Truppe führten abendfüllende jiddische Stücke wie etwa den *Dibbuk* von An Ski auf.[6]

Am 1. September 1923 kommt dann auch die Innenarchitektur des Theaters dieser neuen Entwicklung nach. Im *Neuen Wiener Tagblatt* heißt es: „Die Bühne, der Zuschauerraum und das Foyer sind nach den Plänen des Architekten Joli vollständig adaptiert worden und gestalten die Rolandbühne zu einem der

---

5 Neues Wiener Tagblatt, 5. 8. 1919.
6 Vgl. Werner Hanak: Leopoldstädter Ortmetamorphosen. Eine theateranalytische Reise zu den Schauplätzen der Dramen der Rolandbühne in den Jahren 1919 bis 1926 sowie zu den „gesprochenen Orten" der „Leopoldstädter Jüdischen Lokalpossen". Diplomarbeit. Wien 1994.

elegantesten und modernsten Theater."[7] Die Tische sind verschwunden und es gibt ungefähr doppelt so viel Sitzreihen wie Tischreihen zuvor. Zu sehen sind nun Schwänke und Revuen mit Filmeinlagen wie zum Beispiel die legendäre *Frau Breier aus Gaya* mit Gisela Werbezirk[8] oder die Revue *Rund um den Mittelpunkt* von Fritz Grünbaum.

Die Revue boomt. „Rund um den Mittelpunkt" von Fritz Grünbaum in der Rolandbühne, 1925, Programmheft. Ganz rechts ist Stella Kadmon zu sehen.

Im Herbst 1924 zieht das „Theater der Komiker", das neben Armin Berg, Sigi Hofer und Adolf Glinger nun auch mit dem jungen Hans Moser auftritt, ein. Auch diese Truppe muss sich, scheinbar nicht ganz freiwillig, in die neue Form der Revue einarbeiten, wozu sich wiederum im *Neuen Wiener Tagblatt* ein aufschlussreicher Text findet. Wieder geht es um die Länge der Stücke, um die neue Architektur des Theaters, um die fehlenden Tische und um die fehlenden „bewusstseinsverändernden" Mittel für das Publikum.

Die Komiker von 'Max und Moriz' sind aus der Annagasse in die Praterstraße übersiedelt. Die Tische sind verschwunden, man trinkt keinen Alkohol mehr zu den Späßen, die einem serviert werden, aber die alte Laune ist geblieben. [...] Den alten Einaktern, die so schlagkräftig waren und so viel Komik aus dem Jargon hervorholten, ist man nun freilich untreu geworden – vielleicht nicht ganz mit Recht. Der Eröffnungsabend gehörte der neuen

---

7   Neues Wiener Tagblatt. „Eine Neue Direktion der Rolandbühne". Ankündigung vom 19. 8. 1923, S. 9.
8   Vgl. Birgit Peter: Komische Strategien – Weiblicher Witz. Die Schauspielerin Gisela Werbezirk: weiblicher/jüdischer/österreichischer Witz. In: Monika Bernhold, Andrea B. Braidt, Claudia Preschl (Hg.): Screenwise. Film-Fernsehen-Feminismus. Marburg 2004, S. 125-130.

importierten Kunstgattung: Der Revue. Sie heißt: *Ohne Geld geht's auch* und behandelt die Schicksale zweier Provinzler, die nach Wien kommen: eines Selchwarenfabrikanten und seines Kommis.[9]

Unterhaltung – Spannung – Raum

Welche Unterhaltung hat welche Räume hervorgebracht? In welcher Beziehung steht der Raum zur Unterhaltung, die in ihm stattfindet? Und welcher Raum erscheint für welche Unterhaltung geeignet? Diese Fragen habe ich zu Beginn dieses Artikels gestellt.

Für die Zeit der 1910er und 1920er Jahre konnte ich einen spannenden Umbruch feststellen. Zur Zeit des Kabaretts „Fledermaus" waren die Räume vor der Bühne und das Vorgehen im Zuschauerraum so wichtig gewesen, dass sich Egon Friedell veranlasst sah, zu schreiben: „Hoffentlich wird das Programm mit der Zeit das künstlerische Niveau dieses Interieurs erreichen".[10] Diese Beobachtung dürfte auch für andere, in dieser Zeit entstandene Etablissements zugetroffen haben. Über die Eröffnung der „Hölle" im Souterrain des Theaters an der Wien, wo Fritz Grünbaum seine ersten großen Erfolge gefeiert hat, schreibt die *Wiener Allgemeine Zeitung* 1906: „Der große Saal präsentiert sich, seinem Namen entsprechend, als Hölle; freilich als eine Hölle von größter Behaglichkeit, in der sich die Zuschauer festhalten werden lassen."[11]

In den 1920er Jahren hingegen konzentriert sich das Geschehen auf die Bühne und der freie, aktive, rauchende und trinkende Zuschauer wird mehr und mehr auf Auge und Ohr reduziert. Der Brüchigkeit des Programms mit seinen vielen Pausen, die deshalb kein Problem darstellten, weil die Besucher an ihren Tischen untereinander in ihren eigenen Spannungskreislauf zurückkehren konnten, folgt nun ein Programm „aus einem Guss", das die Spannung von Anfang bis zum Ende halten muss, da die eng sitzenden Besucher, auf Auge und Ohr reduziert, nur schwer etwas mit sich selbst anfangen können. Die Spannung, so eine Erkenntnis, bleibt in jedem Unterhaltungsraum erhalten, sei es ein Theater oder ein Kabarettraum, oder sogar ein Café, wo sich die Menschen nicht unterhalten lassen, sondern sich gegenseitig am Tisch selbst unterhalten. Die Spannung verschwindet nicht, sie verschiebt sich nur und bündelt sich immer wieder aufs Neue, je nach architektonischer Struktur des Raumes.

---

9 Neues Wiener Tagblatt, „Rolandbühne": Kritik vom 31. 8. 1924, S. 12.
10 Egon Friedell, zitiert nach: Lunzer, Lunzer-Talos (Hg.), Peter Altenberg – Extrakte des Lebens, S. 144.
11 Wiener Allgemeine Zeitung, 2. 10. 1906, zitiert nach Hans Veigl: Entwürfe zu einem Grünbaum-Monument. Graz 2001, S. 20f.

Grünbaum und die Musik I –
Lieder wie *Das Knödel-Mädel*

Georg Wacks

Fritz Grünbaum, der wahrscheinlich bedeutendste österreichische Kabarettist der Zwischenkriegszeit, bereicherte mit seiner vielfachen Begabung die Wiener und zeitweise auch Berliner Unterhaltungsszene. Als Komiker, Kabarettist, Conférencier und Schauspieler brachte er sein Publikum zum Lachen und zum Nachdenken.

Darüber hinaus verfasste er Theaterstücke und Filmdrehbücher, Operettenlibretti und Revuen, dichtete die Texte zu Liedern und Couplets, Chansons und Schlagern. Er schrieb mehr als 40 Libretti für Operetten und Singspiele, vertont von den großen Komponisten der so genannten „Silbernen Operettenära". Er konzipierte und schrieb Texte für über 30 Revuen, die in den kleinen und großen Theatersälen Wiens und Berlins aufgeführt wurden. Viele seiner Lieder und Chansons wurden verlegt und im ganzen deutschsprachigen Raum gesungen. Manche seiner Schlager wie *Ich hab das Fräul'n Helen' baden sehn* sind bis heute in aller Munde.

Edmund Eysler (*Phryne*), Franz Lehár (*Mitislaw der Moderne*), Leo Fall (*Die Dollarprinzessin*), Carl Michael Ziehrer (*Der Liebeswalzer*), Emmerich Kálmán (*Der Zigeunerprimas*), Robert Stolz (*Das Busserlschloß*), Ralph Benatzky (*Anno 1914*), Béla Laszky (*Brigantino*) und Richard Heuberger (*Don Quixote*) waren die bekanntesten Komponisten, die Fritz Grünbaum als Librettisten schätzten. Die Musik zu den Revuen, den Liedern, Chansons und Schlagern wurde u. a. von Ralph Benatzky (*Wien lacht wieder*), Béla Laszky (*Pan und Daphnis*), Rudolf Nelson (*Finster war das Mittelalter*), Hermann Leopoldi (*Wien, alles aussteigen*), Paul Pallos (*Wien im Mai*), Karl Inwald (*Verliebe dich täglich*), Willy Engel-Berger (*Nimm dir die Kleine*), Fred Raymond (*Ich hab das Fräul'n Helen' baden sehn*), Jean Gilbert (*Dorine und der Zufall*), Robert Katscher (*Du bist der Traum*), Peter Kreuder (*Kennen sie den kleinen Wolf aus Olmütz*), Frank Fox (*Weh' dem, der liebt!*) und Willy Kunkel (*Dort unterm Baum*) komponiert.

In Berlin schrieb Grünbaum vor allem Lieder- und Couplettexte für Rudolf Nelson und sein Kabarett „Chat Noir". *Kuno, der Weiberfeind, Das rote Kleid* und *Das Knödel-Mädel*, alle vertont von Rudolf Nelson, sind einige davon.

Das Knödelmädel

Manches Mädchen wünscht von seinem Vater
schöne Kleider und viel Spitzen dran,
oder ein Billet in ein Theater
oder auch den neuesten Roman.
Andre wieder möchten für ihr Leben
den modernsten Geiger geigen hör'n,
ja, es soll auch solche Mädchen geben,
welche einen Bräutigam begehr'n.
Ich aber bin doch keine Puppe,
die sich in solches Zeug vergafft,
mir ist das alles völlig schnuppe,
ich hab' nur eine Leidenschaft:

Ich eß' so gerne Knödel von jeglichem Format,
wie sie das Küchenmädel famos gebacken hat,
und keine Gottesgabe macht mir so viel Plaisier,
als wenn ich Knödel habe, Herrgott, wie dank' ich dir. Herrgott, wie dank' ich dir!

Neulich fand ein Herr mich aphrodisisch,
und er klagt, ihn drückt der Liebe Alp,
ach, er war entzückend methafisisch
und verdreht die Augen wie ein Kalb!
Und er sagt, ihn verzehrt das Feuer,
und er stöhnt, ich sei sein Himmelslicht,
und er schwor, ich sei ihm grässlich teuer,
und er brauchte keine Mitgift nicht.
Ich aber sprach: „Sie Jammertype,
das klingt für mich zwar schmeichelhaft,
allein es ist mir völlig piepe, ich hab nur eine Leidenschaft:
Ich eß' so gerne Knödel von jeglichem Format, ...

So genoss ich eine Art Berühmtheit,
bis ich doch mich einem Mann gefügt,
jetzt erklär'n die Leute mit Bestimmtheit,
dass die Liebe über Knödel siegt.
Doch die blöde Menge lässt mich kühle,
denn als Mann ist mir mein Mann egal,
einem dummen Liebeslustgefühle
opfert man kein Knödelideal!
Ich habe meinen jungen Gatten
bis dato nicht einmal geküsst,
und dennoch muss ich es verraten,
dass er mir sehr sympathisch ist:
Er isst nicht gerne Knödel von jeglichem Format,

wie sie das Küchenmädel famos gebacken hat,
Hurra, drum muss auch edel mein Glück wie keines sein,
denn zwei Portionen Knödel, die eß' ich ganz allein, die eß' ich ganz allein.[1]

---

1   Fritz Grünbaum (T), Rudolf Nelson (M): Das Knödelmädel. Verlag Harmonie. Berlin 1911.

Billig und luxuriös.
Über Zirkus und Varieté in Wien

Birgit Peter

Das Ungewöhnliche – es ist eines der Hauptmomente der Zirkuskunst. Wenn Menschen unter der Zirkuskuppel durch die Luft fliegen, wenn die wirbelnden Keulen des Jongleurs allen physikalischen Gesetzen zu trotzen scheinen, wenn der Dompteur vertrauensvoll seinen Kopf in den bedrohlichen Rachen des Tigers legt oder wenn der Magier eine hübsche junge Dame offensichtlich aus dem Nichts holt und sie gleich darauf in einen majestätischen Löwen verwandelt – dann kann es nur im Zirkus oder Varieté sein.[1]

Das Ungewöhnliche, das illusionäre Moment, welches erlaubt, den Alltag zu überwinden und vergessen zu lassen, ist das Verbindende der Formen Zirkus und Varieté. Unter diesem Gesichtspunkt können sie als unterhaltungskulturelle Phänomene gemeinsam analysiert werden. Zwar verwehrt sich Wolfgang Jansen in seinem Standardwerk zum Varieté[2] diesem Zusammendenken von Zirkus und Varieté, da er auf die Eigenart der einzelnen unterhaltungskulturellen Genres hinweisen möchte sowie auf die Notwendigkeit ihrer historischen Dokumentation und Aufarbeitung. Zudem befürchtet er in der gemeinsamen Beschreibung eine „Bagatellisierung der Differenzen"[3]. Trotz dieser Einwände werden in diesem Beitrag Zirkus und Varieté gemeinsam analysiert, da das Hauptaugenmerk auf ihrer unterhaltungskulturellen Spezifik liegt. Unter diesem Aspekt finden sich die Differenzen vorwiegend im äußeren Rahmen – dem Veranstaltungsort. So existierte der Zirkus entweder als feststehendes Gebäude, in dessen Zentrum die Manege liegt – eines der letzten fixen europäischen Zirkusgebäude ist der Carré-Bau in Amsterdam – oder als reisender Zeltzirkus. Das Varieté hingegen entsprach einem mehr oder weniger traditionellen Theaterbau – z. B. das „Ronacher" in Wien – es konnte sich aber auch um ein Café mit kleiner Bühne oder einer Bretterbühne im Freien handeln, wie etwa das „Varieté Leicht" im Wiener Prater.

In theaterspezifischer Fachliteratur findet sich wenig zur Geschichte der Genres, eher der Versuch, das Spezifische dieser erfassen zu können. Allerdings

---

1 Gerhard Zapff: Vom Flohzirkus zum Delphinarium. Seltene Dressuren der Zirkusgeschichte. Berlin 1977, S. 7.
2 Vgl. Wolfgang Jansen: Das Varieté. Die glanzvolle Geschichte einer unterhaltenden Kunst. Berlin 1990.
3 Jansen, Das Varieté, S. 71.

verdeutlichen die folgenden Definitionen, dass Zirkus und Varieté im herkömmlichen theaterhistorischen Kanon als oszillierende Phänome umschrieben werden. „Eine Varieté-Darbietung sollte kurz, unverwechselbar und leicht identifizierbar sein, mit starken Reizen arbeiten und sich scharf gegen andere Darbietungen abgrenzen"[4] meint etwa Claudia Balk in einer Studie zu Varietétänzerinnen. Manfred Brauneck beschreibt in seinem Theaterlexikon Varieté als eine „lose Aneinanderreihung einzelner Sprech-, Musik- und Tanznummern [...] verbunden mit Akrobatik und Dressur, zusammengehalten in der Regel durch einen Conférencier."[5] Beim Zirkus spricht er von seiner „synthetischen Form"[6], dessen Geschichte auf engste mit der „Entwicklung eines bestimmten Gebäudetyps [...]" und dieser „unmittelbar mit der Entwicklung des Programms verbunden"[7] sei.

Die Unterhaltungen in Zirkussen und Varietés nahmen neben Operette, Revue und Kabarett historisch einen breiten Raum ein. Etwa 100 Jahre lang (von der Mitte des 19. bis Mitte des 20. Jahrhunderts) zählten gerade Zirkus und Varieté zu den populärsten Vergnügungsorten. Dargestellt wurden das sonst Unvorstellbare, Außergewöhnliche, Wunschträume und Fantasien. Die zeitgenössische, aber auch die spätere Einschätzung und Bewertung dieser Unterhaltungen schwankt zwischen ablehnender Kritik an solch „billigem" und „profanen" Amüsement und der euphorischen Zuschreibung von der „Rettung und Erneuerung" des Theaters durch diese Unterhaltungsformen. „Billig und luxuriös" sind die ökonomischen Bedingungen von Varieté und Zirkus für Publikum wie Produktion.

Zirkus wie Varieté wurden zwar mit dem Theater assoziiert, allerdings ist die Schwierigkeit spürbar, mit der diese in einem traditionellen theaterhistorischen Kanon erfassbar und beschreibbar werden. Jewgeni Kusnezow versuchte 1930 der Frage des Zusammenhangs zwischen Zirkus und Theater zu entgehen, indem er die These vom Zirkus als eigenständiger Kunstkategorie aufstellte. Er zitiert den russischen Theaterhistoriker Wsewolodski-Gerngross, auf dessen Hauptargument – der mangelnden „Wesensgleichheit" von Zirkus und Theater – er seine neue Theorie aufbaute:

Der Begriff Zirkuskunst ist ein sehr vielschichtiger Begriff, er umfaßt viele Tätigkeiten und Fertigkeiten, die sich ganz mechanisch vereint haben, wobei die Mehrzahl von ihnen nicht der Kunst, sondern dem Sport zugezählt werden muß. Dennoch betrachten wir den

---

4 Claudia Balk: Vom Sinnenrausch zur Tanzmoderne. In: Claudia Balk und Brygida Ochaim: Varieté-Tänzerinnen um 1900. Vom Sinnenrausch zur Tanzmoderne. Frankfurt/Main, Basel 1998, S. 7-68, hier S. 11.
5 Manfred Brauneck, Gérard Schneilin (Hg.): Theaterlexikon. Begriffe und Epochen, Bühnen und Ensembles. Hamburg 1992, S. 1076.
6 Brauneck, Theaterlexikon, S. 1121.
7 Brauneck, Theaterlexikon, S. 1121.

Zirkus gewöhnlich als eine Variante des Theaters. Wenn man Zirkus jedoch zu den Theaterkünsten zählte, so wurde er als deren niedrigste Abart bewertet.[8]

Kusnezow meint, dass es sich bei Zirkus um eine eigenständige und besondere „Widerspiegelung der Wirklichkeit" handle, die außerhalb des Theaters läge, deren Spezifik es aber erlaube und notwendig mache, von einer „gesonderten Kategorie der Kunst"[9] zu reden. Diese Bemühungen, den Zirkus theoretisch zu erfassen und ihn als eigene Kunstgattung zu etablieren, weisen auf dessen Präsenz in den 1920er und 1930er Jahren hin, ebenso auf seine politische bzw. propagandistische Bedeutung als darstellende Kunstform in der Sowjetunion[10]. Die Attraktivität des Zirkus' mag in der Betonung des Schauwerts liegen, der relativen Bedeutungslosigkeit von intellektueller Auseinandersetzung und vor allem in der Vorspiegelung, es würde sich um schranken- wie klassenloses Vergnügen für alle handeln. Allerdings weist bereits Kusnezow darauf hin, dass der Zirkus historisch gesehen „keineswegs eine ‚niedere' Kunst, keine an die unteren Klassen gebundene Kunst ist, sondern [sich] stets mit den Mitteln der Ideologie der herrschenden Klasse konkretisiere."[11]

Zirkus und Varieté in Wien

Historisch betrachtet ist Zirkus älter als Varieté. Als Entstehungsdatum des modernen Zirkus gilt das Jahr 1768, in dem der englische Offizier Philip Astely in London eine Reitschule eröffnet, die „neben dem Reitunterricht Attraktionen wie Kunstreiter, Clowns, Seiltänzer und Akrobaten anbot."[12] Paula Busch gibt allerdings in ihren Lebenserinnerungen das Jahr 1755 und den Ort Wien an. „In Wien hat's begonnen, im K. K. priviligierten Amphitheater haben sich im Mai 1755 dreitausend Menschen die erste Zirkusvorstellung angeschaut."[13] Kusnezow weist auf die Ursachen zur Entstehung dieser Kunst hin, die er mit einer Veränderung der ökonomischen Verhältnisse Mitte des 18. Jahrhunderts begründet, deren Auswirkung u. a. die Jahrmärkte als Produktionsort von Wandertruppen, Seiltänzern u. v. m. betraf. Beim Begriff Varieté kann kein eindeutiges Entstehungsdatum genannt werden, es entwickelte sich in den Groß-

---

8 Jewgeni Kusnezow: Der Zirkus der Welt. Mit einem ergänzenden Teil von Ernst Günther und Gerhard Krause. Berlin 1970, S. 288-289.
9 Kusnezow, Zirkus, S. 289.
10 Tatsache ist, dass die Sowjetunion und später die realsozialistischen Staaten dem Zirkus einen hohen politischen Stellenwert einräumten. Zirkusse und Artistik wurden zentralistisch organisiert, die Ausbildung von ArtistInnen in staatliche Zirkusschulen verlagert.
11 Kusnezow, Zirkus, S. 289.
12 Birgit Peter: Schaulust und Vergnügen. Zirkus, Varieté und Revue im Wien der Ersten Republik. Wien 2001, S. 28.
13 Paula Busch, Tochter des Circus-Busch-Begründers Paul Busch leitete nach dessen Tod das Busch-Zirkusunternehmen mit den Zirkusbauten in Berlin, Hamburg, Breslau und Wien. Paula Busch: Das Spiel meines Lebens. Erinnerungen. Ein halbes Jahrhundert Zirkus. Berlin: Das neue Berlin 1992, S. 252.

städten, umfasste Londons music-halls, Paris' cafés-concerts und cafés-chantants, Wiens Ballhäuser, Berliner Tingeltangel (um nur einige zu nennen) und wird in den 1870er, 1880er Jahren zur Bezeichnung sowohl eines Theatergebäudes als auch einer Programmform.[14]

Wien zählte im Bereich der Unterhaltungen und Vergnügungen ab dem 19. Jahrhundert zu einer wesentlichen impulsgebenden Metropole, und wie im Bereich des traditionellen Theaters konkurrenzierte Wien als Vergnügungsort vor allem mit Berlin.

Die ersten Zirkuskünstler in Wien werden, wie bereits gesagt, Ende des 18. Jahrhunderts nachgewiesen. Gerhard Eberstaller berichtet folgendes in seinem Band *Zirkus und Varieté in Wien*:

> Der Groteskreiter *John Hyam*, der später auf dem Rennweg ein eigenes Zirkusgebäude errichtete, trat in Wien zum erstenmal 1777 auf, und zwar auch im Hetztheater. Er versetzte die Wiener in einen Begeisterungstaumel sondergleichen und enthusiasmierte besonders die Frauen, denen der stattliche Reiter so gut gefiel, daß Maria Theresia verfügte: 'Wenn der Hyam, fortfahren sollte, den Frauenzimmern Wiens die Köpfe zu verdrehen, werde er unnachsichtig ausgewiesen werden.' 1784 durfte sich Hyam mit seiner eigenen Gesellschaft auch in der k. k. Hofreitschule produzieren, was deutlich macht, welche Bedeutung den Kunstreitern von höchster gesellschaftlicher Seite zugemessen wurde.[15]

Diese Anekdote führt deutlich vor Augen, dass die Begeisterung verschiedene gesellschaftliche Klassen vereinte, allerdings blieben die untersten Schichten noch ausgeschlossen, wie Gerhard Tanzer in „*Spectacle müssen seyn*" belegt[16]. Erst im Verlauf des 19. Jahrhunderts werden sich Zirkus und Varieté zum Massenvergnügen wandeln. In Wien trug dazu sicher die Institution des Wiener Praters bei. Es muss die Einmaligkeit dieser Vergnügungsinsel festgehalten werden, in der und um die sich vor allem die Zirkusse ansiedelten. So wird im Prater 1807 auf der Zirkuswiese von der Schaustellerfamilie de Bach ein festes Zirkusgebäude errichtet – dieser sogenannte Circus Gymnasticus[17] war einer der bedeutendsten Zirkusse Europas. So sollen hier 1812 die der Aristokratie vorbehaltenen Jagdtiere, nämlich Hirsche, dressiert vorgeführt worden sein, zwölf Jahre später wird in Paris eine ähnliche Dressur – der „Wunderhirsch Coco" – „weltberühmt" werden.

„De Bachs Hirsche galoppierten wie Freiheitspferde durch die Manege, außerdem apportierten sie noch bunte Tücher. Zu besonderen Anlässen fuhr der

---

14 Zur Geschichte der einzelnen Unterhaltungen siehe: Jansen, Das Varieté; Lionel Richard: Cabaret Kabarett. Von Paris nach Europa. Leipzig 1993.
15 Gerhard Eberstaller: Zirkus und Varieté in Wien. Wien, München 1974, S. 21f.
16 Gerhard Tanzer: Spectacle müssen seyn. Die Freizeit der Wiener im 18. Jahrhundert. Wien, Köln, Weimar 1992.
17 Der Circus Gymnasticus bestand bis 1852, das Gebäude wurde dann abgetragen, siehe Peter, Schaulust, S. 42f., und Hans Pemmer und Nini Lackner: Der Prater. Von den Anfängen bis zur Gegenwart. Neu bearbeitet von Günther Düriegl und Ludwig Sackmauer. Wien, München 1974, S. 86.

Zirkusdirektor mit seinen Hirschen vierspännig durch die Straßen".[18] Fürst Pückler-Muskau brachte daraufhin die de Bachschen Hirsche in seinen Besitz, sei es um sich als Besitzer von Wunderhirschen zu brüsten oder auch um die standesgemäße Ordnung wiederherzustellen. Interessant an dieser Anekdote ist neben der Bedeutung Wiens als Zirkusstadt und dem Einblick in eine Zirkusattraktion des frühen 19. Jahrhunderts auch dieses durchaus politische Moment des Zirkus: Faszination und Vergnügen werden dadurch erzielt, dass gesellschaftliche Grenzen und Tabus (wie später dann die Zurschaustellung von menschlichen Körpern subsumierbar unter der Lust am Exotischen) für den Moment einer Nummer in der Manege kurzfristig überschritten/gesprengt werden. Das ist auch jener Aspekt der Unterhaltungen Zirkus und Varieté, der für politische Ideologien links wie rechts interessant werden wird – so zählen Zirkus und Varieté unter der NS-Herrschaft zu den gebilligten und geförderten Vergnügungen, die Sowjetunion und realsozialistische Staaten machen das Artistische zur Staatskunst. Interessant ist hier die Vorspiegelung von Freiheit, Grenzüberschreitung, jenes kathartische karnevalistische Element, das Bachtin in den 1930er Jahren analysierte.[19] Ein weiterer Aspekt dieser Unterhaltungskünste ist, dass sich der Bogen von üppigen Luxusinszenierungen bis zu einfachen oder improvisierten Darbietungen spannte. Dieses Arbeitsfeld bot die Möglichkeit, oftmals auch nur die Illusion, der existientiellen Not zu entfliehen. In dem Gesellschaftsblatt *Die Bühne* etwa werden Fotos unter dem Titel „Varieté auf der Strasse" veröffentlicht, worauf Menschen sich artistisch produzieren, um Almosen zu bekommen. Die Fachzeitschrift der Varieté- und Zirkusdirektoren wiederum beklagt sich über die ständig steigende Zahl an „selbsternannten" ArtistInnen, die das Niveau „drücken" würden. Wahrscheinlich auch aus diesem Grund wird vom Berufsverband der ArtistInnen, der Internationalen Artisten Organisation (I.A.O.), Mitte der 1920er Jahre die so genannte Artistenprüfung eingeführt.[20]

Die enge Verknüpfung von Zirkus und Varieté zeigt sich im Wien der Ersten Republik. Für die 1920er und 1930er Jahre sind ca. 39 Zirkusunternehmen nachzuweisen. Bei Varieté ist es schwierig, mit genauen Zahlen aufzuwarten, da eine Varietékonzession an verschiedenste Unternehmen verliehen wurde, die sich als Etablissements, Cafés bezeichnen oder sich mit Fantasienamen ausstatten. An Zirkusgebäuden existierten in Wien noch die Häuser der Unternehmen Busch, Renz und Schuhmann, die allerdings nicht mehr als Zirkus genutzt wurden. Busch wurde 1920 in ein Kino umgewandelt, Renz als Varieté genutzt. Einziges festes Haus hatte der 1920 im Prater eröffnete Zirkus Zentral, der oftmals als Gastspielort für andere Zirkusunternehmen zur Verfügung stand. Zu ihnen zählten die Zirkusse von Kapitän Schneider und Carl Hagenbeck, aber

---
18 Zapff, Vom Flohzirkus, S. 74.
19 Vgl. Michael Bachtin: Rabelais und seine Welt. Volkskultur als Gegenkultur. Frankfurt/Main 1995.
20 Vgl. Peter, Schaulust, S. 126-129.

auch Manegestücke, Ausstattungsrevuen sowie Ringkämpfe kamen zur Aufführung. Größere reisende österreichische Zirkusunternehmen waren der so genannte „Wiener Circus" Medrano und der Zirkus Rebernigg, der sich den Beinamen „Österreichischer Nationalcircus" gab[21]. Als besonderes Phänomen der Zwischenkriegszeit gelten aber die Produktionen von Riesenzirkussen, wobei vorwiegend deutsche Unternehmen im Wiener Prater gastierten: So der noch heute bestehende Münchner Großzirkus Krone mit seinem 3-Manegen-Zelt 1927, 1930 und 1936, der Dresdner Konkurrent Sarrasani 1923 und 1937/38, der kurzlebige Zirkus von Kapitän Schneider mit seinen 100 Löwen 1931 und das tschechische Unternehmen Kludsky 1925. Diese Riesenzirkusse reisten in ihren eigenen Eisenbahnzügen mit Menagerien mit bis zu 500 exotischen Tieren, bauten Zelte für ca. 10.000 ZuschauerInnen auf, die in drei Manegen die Darbietungen verfolgen konnten. Diese reisenden Unterhaltungskonzerne können als Charakteristikum der 1920er und 1930er Jahre genannt werden. Erfunden wurde diese Spielart des Zirkus allerdings Ende des 19. Jahrhunderts in den USA, bereits 1900 waren Barnum und Bailey mit ihrer „Monsterschau" in der Rotunde in Wien zu Gast.

Resümierend kann festgestellt werden, dass Zirkus ebenso wie Varieté oder Revue grosse Mode der Zwischenkriegszeit waren, was sich auch in zahlreichen Filmen, Romanen, Operetten und Schaustücken im Zirkus- und Varietémilieu niederschlug.

Als bekanntestes Wiener Varieté muss das Etablissement „Ronacher" genannt werden. 1888 wurde es von Anton Ronacher eröffnet und wird bis heute bespielt. In der Ersten Republik wurde das „Ronacher" vor allem von den Gebrüdern Schwarz und von Bernhard Labriola geprägt. Die Brüder Schwarz versuchten, das Haus neben klassischem Varieté auch mit Revuen zu bespielen; Labriola bewarb das „Ronacher" als „großes Varieté mit den kleinen Preisen"[22] erfolgreich. Die Auslastung des 1600 Plätze fassenden Hauses betrug in seiner Ära ca. 1300 pro Vorstellung, wobei die Abendvorstellungen am besten besucht waren. Seinen Erfolg verdankte er dem Engagement internationaler Stars wie der Tänzerin Josephine Baker, der „menschlichen Sternschnuppe" (Eigenbezeichnung) Cliff Aeros, dem virtuosen Jongleur Enrico Rastelli u. v. m. Ein ebenfalls großstädtisches internationales Varieté war das „Renz" in der Zirkusgasse. 1853 wurde dieses Gebäude als Wiener Dependance des berühmten deutschen Zirkusunternehmens Renz errichtet und bis 1897 als Zirkus betrieben. Mit „Renz" war in Wien das „Charakteristikum des Zirkus des späten 19. Jahrhunderts"[23] vertreten. Der Schwerpunkt lag auf der Pferdedressur und der „Aufnahme gymnastischer/akrobatischer Disziplinen, wie der Luftgymnastik".[24] Obwohl als Varieté bezeichnet, steht das „Renz" in der Ersten Republik für die

---

21 Vgl. Eberstaller, Zirkus, S. 78.
22 Eberstaller, Zirkus, S. 106.
23 Peter, Schaulust, S. 45.
24 Peter, Schaulust, S. 45.

Synthese von Zirkus und Varieté. Neben einem Varietébetrieb wird das Haus als Gastspielort des Circus Busch-Varietés mit Paul Morgan als Conferencier[25] und des Zirkus Carl Hagenbeck[26] verwendet. Auf den Ort selbst wird im erfolgreichsten Zirkusstück der Ersten Republik Bezug genommen, dem *Stern der Manege* von Ladislaus Bus-Fekete in der Übersetzung von Fritz Löhner Beda und Hugo Wiener. Mit dieser Produktion im Zirkus „Renz" wollte Bus-Fekete der Zirkuskunst ein Denkmal setzen und sie gleichzeitig als innovativen Impuls für das theatrale Unterhaltungsleben etablieren. Diesem Anspruch versuchte er aus der Zurschaustellung von traditioneller Zirkusartistik im Rahmen einer „modernen" Komödie mit Revueelementen gerecht zu werden. Als DarstellerInnen wurden prominente UnterhaltungskünstlerInnen wie Trude Hesterberg, Marika Rökk, Hubert Marischka, Alfred Neugebauer, Fritz Imhoff, Fred Heller u. v. m. engagiert.

„Die Premiere am 15. Oktober 1934 wurde zu einem bejubelten Großereignis, zu dem sich zahlreiche Prominente in dem 2550 Zuschauer fassenden Zirkusgebäude eingefunden hatten."[27] Aufgrund des Erfolges wurden aber auch Stimmen laut, die diese Produktion als „Luxusschau" kritisierten, die in Zeiten der ökonomischen Krise und Arbeitslosigkeit als Provokation empfunden wurde,[28] wie es Barbara Denscher und Helmut Peschina in ihrer Biografie über Fritz Löhner-Beda beschreiben.

Neben diesen Varietétheatern mit internationalem Programm existierten zahlreiche sogenannte „volkstümliche" Etablissements wie beispielsweise das „Favoritner Colosseum" (ehemals Circus Favorit), das „Margaretner Orpheum", oder das „Varieté Leicht" im Prater, deren Darbietungen vor allem aus wienspezifischen Themen bestanden und in denen Wiener Lokalberühmtheiten auftraten. Legendär wurde das „Varieté Leicht", da es auf jeglichen Luxus verzichtete und trotzdem eine Institution des Wiener Unterhaltungslebens darstellte. Der Name stammt von den Brüdern Leicht, die das Varieté seit 1895 führten. Mit wenigen Mitteln erreichten sie den maximalen Erfolg: Trotz einfacher Bretterbühne, Holzbänken, niedrigen Entrittspreisen war es so attraktiv, dass Wiens Bühnenprominenz im „Leicht" Gratisauftritte absolvierte. Dazu verewigte sie sich mit Unterschriften an einer Holzwand des Varietés. Der Wiener Lokalhistoriker und Praterforscher Hans Pemmer zählt Burgtheater-, Volkstheater-, Opern- und Operettenstars sowie Kabarettgrößen wie Alexander Girardi, Hansi Niese, Hans Moser, Paula Wessely, Ralph Benatzky, Albert Bassermann, Fritz Grünbaum u.v.m. auf. Im 1936 gedrehten Film PRATER. DER WEG DES HERZENS diente das „Leicht" als Kulisse für ein Pratervarieté.

---

25 Circus Busch Varieté im Renz-Gebäude Wien. Paul Morgan und Erich Wolf conferieren..., Programm Oktober/November 1937; Privatsammlung Birgit Peter.
26 Hagenbeck wird nach 1938 fix mit seinem Circus Carl Hagenbeck ins Renz-Gebäude ziehen. Siehe Eberstaller, Zirkus, S. 98-103.
27 Barbara Denscher, Helmut Peschina: Kein Land des Lächelns. Fritz Löhner-Beda 1883-1942. Salzburg 2002, S. 142.
28 Vgl. Denscher, Peschina, Kein Land des Lächelns, S. 142.

Zur Ambivalenz „Billig und luxuriös"

„Gute Unterhaltung!" – der Titel dieses Bandes – wirft die Frage auf, was denn „gut" in diesem Zusammenhang bedeutet: „gut" im Sinne von gelungen, also amüsant, witzig, kurzweilig, was Unterhaltung ja immer sein sollte, aber bei „gut" kann auch die moralische/ästhetische Kategorie des „Guten und Schönen" mitschwingen. Bei Zirkus und Varieté finden sich in der Selbsteinschätzung durch ihre Produzenten, Chronisten, Dokumentaristen, den wenigen Theoretikern und Artisten beide Aspekte – bei einem Großteil der öffentlichen Meinung (historisch wie gegenwärtig), repräsentiert durch verschiedenste kulturkritische Stimmen, werden diesen Unterhaltungen und ihrem Umfeld Billigkeit, Verworfenheit und ein zweifelhaftes Faszinosum nachgesagt.

Als „Sammelsurium des Äusserlichen vom Äusserlichen, ein schnödes Reich von Tand und Flitter, [...] prostituierte Kunst"[29] bezeichnen um die vorige Jahrhundertwende Gegner des Varietés diese Form. Die Betonung des Äusserlichen, des Vordergründigen, des Sichtbargemachten-Voraugengeführten, das den tableuxhaften Inszenierungen von Varieté und Zirkus innewohnt, ihnen immanent ist und als ihre Ästhetik bezeichnet werden kann, erlaubt es, so vieles in die einzelnen Nummern zu projizieren. Dargestellt wurden/werden Illusionen, Wunschträume, Angsträume – Fantasien.

Der Wiener Journalist Richard Guttmann verfasste 1919 die Schrift *Varieté. Beiträge zur Psychologie des Pöbels*, in der diese Unterhaltungsform als Ausdruck für den Niedergang einer gesellschaftlichen Ordnung und eines Systems herhalten muss. Er versucht das Phänomen Varieté als Massenzufluchtsort des Grosstadtmenschen – des Massemenschens Pöbel und seines Gegenbilds Snob, beide vereint im Publikum des Varietés – zu analysieren.[30] Die Anziehungskraft der Varietédarbietungen erklärt er mit der Möglichkeit quasireligiöse, „heilige" Bilder zu schaffen:

> Wenn ein Mädchen sich jäh fallen läßt und sitzen bleibt, indem beide Beine auseinanderklappen und einen gestreckten Winkel bilden, so muß das Ganze wie eine plötzliche Offenbarung wirken, vor allem hat der Zuschauer die Empfindung, daß eine solche Bewegung wehtut, die Kreatur leidet. Fürs zweite entsteht ein erotischer Reiz. Beides gibt ein befriedigendes Grausamkeitsgefühl. Das würde also etwa den Vorgängen in zahllosen Heiligengeschichten entsprechen (der gemarterte Sebastian!) - und weist auf das, was man noch immer Religion nennt. Hiezu kommt ein gewisses Andachtsgefühl und es gibt Menschen, die von einem solchen Schaustück oft zu Tränen erschüttert sind.[31]

---

29 Arthur Moeller-Bruck: Das Varieté. Berlin 1902, S. 4.
30 Vgl. Richard Guttmann: Variété. Beiträge zu einer Psychologie des Pöbels. Wien, Leipzig 1919.
31 Guttmann, Varieté, S. 46f.

Zur Beantwortung der Frage warum Zirkus und Varieté solche Popularität erlangten, mag die Befriedigung religiöser Bedürfnisse ein erstaunlicher und noch zu untersuchender Hinweis sein.

Die Ambivalenz „billig und luxuriös" läßt sich auf die Einschätzung intellektueller Stimmen zu Varieté und Zirkus übertragen. Begeisterung und Bewunderung für diese Genres lassen sich in Werken von beispielsweise Thomas Mann und Franz Kafka finden, die in den dargebotenen artistischen Nummern poetische Bilder für psychische Bedingtheiten der menschlichen Existenz entdeckten. So erzählt Kafka in *Erstes Leid* von einem Trapezkünstler, – „bekanntlich ist diese hoch in den Kuppeln der großen Varietébühnen ausgeübte Kunst eine der schwierigsten unter allen, Menschen erreichbaren"[32] – der, um die Vollkommenheit dieser Kunst zu erhalten, am Trapez in den Lüften lebt. Und Thomas Mann beschreibt Artisten als Zwischenwesen, Clowns als „kobolzende Zwitter aus Mensch und närrischer Kunst", deren Kostüm ein Kindertraum sei, die Trapezkünstlerin als androgynen Engel. „Sie war kein Weib, aber ein Mann war sie auch nicht und also kein Mensch. Ein ernster Engel der Tollkühnheit."[33]

Interessant ist noch zu erwähnen, dass bei Thomas Mann Bewunderung und Abscheu für den Zirkus nahe beieinander liegen. Die Bewunderung gehört den Artisten, den von ihnen geschaffenen Bildern oder den durch sie ausgelösten Fantasien, die Abscheu dem Publikum, das er als „gierigen Schaupöbel" bezeichnet, der mit „feiger Lust" dem Geschehen folgt.

Festzuhalten bei diesen Einschätzungen in all ihrer Vieldeutigkeit ist dennoch, dass es nur Extrempositionen und keine Zwischentöne zu geben scheint, wenn es um die Bedeutung von Zirkus und Varieté für die Kunst geht. Entweder wird mit euphorischer Begeisterung von diesen Genres die Rettung bzw. revolutionäre Erneuerung des Theaters erwartet, oder sie werden als Symbol für den Tiefpunkt der Kultur, für eine der Kultiviertheit und Sittlichkeit verlustig gehenden Gesellschaft herangezogen.

Ein weiteres wesentliches Spezifikum von Zirkus und Varieté ist es, dass hier ein Forum zur Selbstdarstellung geboten wurde, welches sich klassenüberschreitend jenen öffnen konnte, die sich durch eine besondere physische Begabung auszeichneten. Allerdings wird gerade dieser Aspekt unter totalitären Herrschaftsformen zu einem uneinschätzbaren, potentiell subversiven Element. Das NS-Regime war – wie in allen anderen kulturellen Belangen – auf die sofortige „Übernahme" von Varietékonzessionen vorbereitet. Kommissarische Leiter, verdiente Parteigenossen werden eingesetzt, um wie im „Ronacher" den Varietébetrieb auf einen nationalsozialistisch genehmen um-

---
32 Franz Kafka: Erstes Leid. In: Peter W. Schmidt (Hg.): Manege frei! Zirkusgeschichten. Stuttgart 1994, S. 281-285, hier S. 281.
33 Thomas Mann: Was für Menschen, diese Artisten! In: Schmidt, Zirkusgeschichten, S. 66-76, hier S. 73.

zustellen,[34] oder ein Haus wie das „Renz" quasi nicht mehr mit Eigenproduktionen zu bespielen.[35] Weder die Ermordung, die Vertreibung, die Arbeitsverbote vieler ArtistInnen, noch die Arisierung von Unterhaltungsetablissements sind bis dato aufgearbeitet. Zirkusse hingegen waren aufgrund ihrer autonomen Organisation schwieriger zu kontrollieren. Außerdem hat es den Anschein, dass einige Unternehmen die neuen Machtverhältnisse begrüßten bzw. sich geschickt arrangierten. Beispielsweise nennt sich der „österreichische Nationalcircus" Rebernigg nun „Circus der Ostmark."[36] Allerdings muß auch hier auf eine große Forschungslücke hingewiesen werden, die Anpassungs- und Überlebensstrategien von Zirkusunternehmen und ihrer Beschäftigten wartet ebenfalls auf eine wissenschaftliche Aufarbeitung. Aufgrund dieser großen Lücke lässt sich die Geschichte von Zirkus und Varieté in der Zweiten Republik[37] zwar mithilfe von Fakten beschreiben, es läßt sich aber auch erkennen, dass an die Vielfalt und Originalität der unterhaltungskulturellen Traditionen nicht mehr angeknüpft werden konnte, und es erfordert noch grundlegende Forschungen, um die weiteren Entwicklungen der Genres Zirkus und Varieté seriös darstellen zu können.

---

34 Vgl. Peter, Schaulust, S. 110-111.
35 Vgl. Peter, Schaulust, S. 111.
36 Vgl. Peter, Schaulust, S. 51.
37 Vgl. Eberstaller, Zirkus und Varieté in Wien.

Grünbaum und die Musik II –
Frühe Libretti
wie *Phryne* und
Mitislaw der Moderne

Georg Wacks

Grünbaums Schaffen als Librettist begann 1906 mit der Eröffnung des Kabaretts „Hölle" im Souterrain des Theaters an der Wien. Sein erstes Operettenlibretto *Phryne* wurde von Edmund Eysler vertont und anlässlich der Eröffnung des Kabaretts „Hölle" am 7. Oktober 1906 uraufgeführt. Den Text verfasste er zusammen mit Robert Bodanzky – der Beginn einer fruchtbaren Zusammenarbeit. Auch für Bodanzky war die Uraufführung der „Burlesken Operette in einem Akt" der geglückte Anfang einer Karriere als Librettist.

Mit Robert Bodanzky schrieb Grünbaum gemeinsam die Operetten *Peter und Paul reisen ins Schlaraffenland, Die fidelen Eremiten, Mitislaw der Moderne, Der Liebeswalzer, Das Studio von Salamanca* und *Leute vom Stand*. Bodanzky, geboren am 20. 3. 1879 in Wien, begann als fahrender Komödiant und Schauspieler und entwickelte sich dann immer mehr zum Schriftsteller. Zumeist mit den Co-Autoren Leopold Jacobson und Alfred Maria Willner schuf er mehr als 30 Werke, darunter die Operette *Der Graf von Luxemburg* mit Musik von Franz Lehár.

Sowohl *Phryne*, als auch *Mitislaw der Moderne* sind einaktige Operetten. Die Gattung des Einakters war durch die damals herrschenden Vorschriften bedingt. Die meisten Kabarettlokale wurden behördlich nicht als Theater, sondern als Singspielhalle geführt. Die Konzession zur Singspielhalle berechtigte den Besitzer bzw. Konzessionär oder Geschäftsführer nur zur Aufführung einaktiger Stücke, die auch Musik beinhalten mussten, um den Theatern keine Konkurrenz zu machen. In der „Hölle", dem „Kabarett „Fledermaus", der „Budapester Orpheumgesellschaft" und auf vielen anderen Kleinbühnen wurden daher keine mehraktigen Stücke aufgeführt. Man half sich darüber hinweg, indem man bisweilen drei Einakter hintereinander spielte.

Phryne

Der parodistische Inhalt der einaktigen Operette *Phryne* erzählt die antike Geschichte der berühmten griechischen Hetäre aus Thespiä Phryne. Diese hieß ursprünglich Mnesarete und erhielt den Namen Phryne (=Kröte) wegen ihrer Blässe. Ursprünglich eine arme Kapernhändlerin, gelangte sie in Athen zu außerordentlichem Reichtum. Phryne galt in ihrer Blütezeit als die Repräsentantin der Göttin der Schönheit und diente Apelles als Modell für seine Anadyomene und Praxiteles für seine knidische Aphrodite. Niemand soll in der Lage gewesen sein, ihren Reizen zu widerstehen. Durch ihre Anmaßung, ihre Schönheit könne mit der Aphrodite mithalten, wurde sie der Asebie, der Gottlosigkeit, angeklagt. Diese Anklage gestaltete sich alsbald zu einem heftigen Skandal in ganz Athen. Der Legende nach soll Phryne vor dem Areopag ihre Bekleidung abgelegt und den Versammelten ihren nackten Körper als Beweismittel vorgebracht haben. Daraufhin wurde sie – so berichtet die Sage – freigesprochen. In einer anderen Version wird Phryne von ihrem Liebhaber, dem Politiker Hypereides, entkleidet und dann freigesprochen. Diese Szene wurde vom französischen Maler Jean-Léon Gérôme 1861 in seinem Bild „Phryne vor den Richtern" festgehalten. In der Version von Grünbaum und Bodanzky entkleidet sich Phryne nach anfänglichen Bedenken selbst. Verteidiger: „Apollo, der Gott des Gesanges, hat Phryne die Kunst zu singen geschenkt! Aphrodite aber, die Göttin der Schönheit, gab ihr ihren eigenen Leib!" – „Sind sie bei Sinnen, Doktor? Ich habe Aphrodite und Apoll im Leben nicht gesehen!" – „Sing, was dir einfällt und dann wirf alle Bedenken von dir und den Mantel auch!"

Phryne, 15 Jahre nach der Uraufführung in der „Hölle" auch auf der „Rolandbühne" in der Praterstraße 25 – vormals „Budapester Orpheum" – gezeigt, spielt „im Landesgericht Athen, Abteilung Ia (für Strafsachen). Zeit: damals." Als Dekoration wird im Regiebuch „ein Tempel, dessen Tor durch einen geteilten Vorhang geschlossen ist", vorgeschlagen. „Bei der Entkleidungsszene tritt Phryne hinter diesen Vorhang, der dann zurückgeschlagen wird und den Blick auf eine weiße Leinwand frei lässt hinter der Phryne erscheinen." Angeklagt wird Phryne, „ein süßes Mädel". Der Tatbestand: Ehebrecherei. Grünbaum und Bodanzky versetzen die Sage ins jüdische Milieu, fügen eine Liebesgeschichte dazu und spielen mit Klischees und sozialen Themen. So tritt zum Beispiel der „arme Advokat" Dr. Hypereides, ein „junger, hübscher Mann mit diskret semitischem Anstrich", außerdem „Mitarbeiter des griechischen Wochenblattes" auf und singt:

Der Advokatenstand ist gegenwärtig,
ich muss es selber eingestehen, fertig;
Er ist zum Bersten überfüllt,
das Faktum zeigt sich unverhüllt!
Teils ist das wohl darauf zurückzuführen,
dass unter den Herrn Offizieren
kein Platz ist – unter Diskretion –

für Herrn der andern Konfession!
Drum haben sie sich kurzerhand
dem Rechtsanwaltstand zugewandt,
der gleicht nun einem Heringfass,
mein Blick wird tränennass.

Hypereides hat eine – vorläufig platonische – Liebesbeziehung zu Astarte, der Gattin des Oberlandesgerichtsrates Theosophos, einem „Phönizier", der die Gerichtsverhandlung gegen Phryne leitet. Im ersten Bild tritt der Chor der betrogenen Frauen, Xantippa, Megära, Keplynia und Bisgurnia auf, sie sind es, die das Verfahren gegen Phryne anstreben:

Schrecklich, grässlich und entsetzlich,
wie man uns betrogen hat.
Der Verlust ist unersetzlich.
Ha! Drum sind wir desperat!
Unsere Männer, ach wir Armen,
brachen uns die Ehetreu',
darum klagen ohn' Erbarmen
wir auf Ehebrecherei!
Welche Schande für Athen,
Fidonc, o pfui!
Vor dem Landgericht zu stehen,
Fidonc, o Pfui!
Welche Schmach und welche Schand', für das alte Griechenland,
für das klassische, berühmte und antike Griechenland!

Astarte beneidet die aufgebrachten Frauen: „Sie sind glücklich, meine Damen: Ihre Gatten betrügen Sie! Mein Mann ist außer Stande mich zu betrügen. Ich hasse ihn!" In einem ergreifenden Liedchen besingt Astarte ihre Sehnsucht. Seit 10 Jahren ist sie nun mit dem Oberlandesgerichtsrat verheiratet. „Ach, mein Gatte, dieser Satte, ist für mich ein lästig Joch, nominell zwar bin ich Gattin, doch de facto Mädchen noch!" „Sie werden von ihren Gatten wenigstes grausam behandelt, ich werde von meinem Mann überhaupt nicht behandelt!" Ihre einzige Hoffnung ist ihr Freund Hypereides, aber als getreue Schülerin Platons schwelgt sie nur in schönen Versen, das aber immer heftiger.

Dr. Hypereides übernimmt die Verteidigung Phrynes, die nach ihrer Entkleidung erwartungsgemäß freigesprochen wird und ganz Athen in Verzücken versetzt.

Die Schönheit gab mir Aphrodite,
pikant und aller Reize voll,
die Sangeskunst in edler Blüte,
die schenkte mir der Gott Apoll!
Weiß Gott, ich kann damit nicht geizen!
Wenn mich ein Jüngling hört und sieht,
muss ich sein Herz in Gluten heizen,
bis es zu mir ihn zieht!

Sogar die aufgebrachten Ehefrauen müssen angesichts ihrer Schönheit gestehen, dass ihre Männer recht taten. Am Ende der Operette wird außerdem ein lange zurückliegender Fehltritt des Oberlandesgerichtsrates aufgedeckt und seine Scheidung von Astarte erzwungen. Endlich dürfen Astarte und Dr. Hypereides sich über die Gebote Platons hinwegsetzen. „Phryne ist unschuldig, die nackte Wahrheit hat gesiegt, es gibt noch Richter in Griechenland! Hoch Phryne!"[1]

Die Operette *Phryne* wurde nie verlegt. Die Notenmanuskripte und das Textbuch mit Regieanweisungen befinden sich als Verlagsmanuskript im Archiv des Musikalienverlags Josef Weinberger in Wien.

Mitislaw der Moderne

Am 5. Jänner 1907 fand, wieder in der „Hölle", die Uraufführung der weit erfolgreicheren Operette *Mitislaw der Moderne* statt. Kein geringerer als Franz Lehár schrieb die Musik zu der Parodie seiner eigenen Operette *Die lustige Witwe*. Für Lehár war *Mitislaw der Moderne* ein Gelegenheitswerk und ein Spaß, eine Art Remake seines großen Erfolgs – am 11. 1. 1907 wurde im Theater an der Wien die 300ste Ensuite-Aufführung der *Lustigen Witwe* gefeiert. Lehár nimmt Motive aus der *Lustigen Witwe* auf und parodiert seinen eigenen Stil und den seines Danilos Louis Treumann.

Mitislaw der Moderne, inspiriert vom Grisettenakt der *Lustigen Witwe*, spielt in einem gedachten Balkanstaat namens Benzinien, der kurz nach der Revolution wieder nach einem Fürsten sucht und diesen in Mitislaw, dem Sohn des vertriebenen Herzogs Dumislaw, findet. Mitislaw kehrt gemeinsam mit den Tänzerinnen Lolo, Dodo, Jou-Jou, Frou-Frou, Clo-Clo und Margot aus den Pariser Salons zurück und errichtet eine erotische Diktatur. Die ausgedehnte Vollzugsgewalt dieser Diktatur wurde von Kritik und Publikum äußerst zustimmend aufgenommen:

> Der von zwei geschickten Versmachern, den Herrn Fritz Grünbaum und Robert Bodanzky herrührende Text ist schon mehr als frivol; die wienerhaft süßen, von sinnlichem Reiz erfüllten Melodien Lehárs, wie nicht minder die brillante Darstellung des Fräulein Mella Mars halfen jedoch über die Schlüpfrigkeiten des Buches hinweg,

urteilte das *Wiener Tagblatt* am 8. Jänner 1907. Der korrupte Balkanfürst, der sich liederliche Weiber hält und gegen die vorherrschenden Sitten verstößt, hat die Fantasie des Wiener Kleinbürgertums angeregt und nicht nur die „Hölle" mit Publikum gefüllt.

---

1 Alle Zitate aus Phryne in: Fritz Grünbaum, Robert Bodanzky: Phryne. Burleske Operette in 1 Akt. Musik von Edmund Eysler. Unveröffentlichtes Textbuch. Verlag Josef Weinberger. Wien o. J.

Wollt ihr Frau'n bei Männern reüssieren,
müsst ihr zwar adrett euch ausstaffieren:
oben recht apart, unten duftig zart,
überhaupt im ganzen smart, ja smart!
Und der aller – allerletzte Trumpf
ist ein keck durchbrochner Seidenstrumpf!
Oben dekolltiert, unten perforiert,
sich're Wirkung garantiert!

Mitislaw der Moderne hatte auch auf den Kleinbühnen Englands und der USA, in der englischen Übersetzung als *Fashionable Mitislaw*, Erfolg. In der Uraufführung gab Emil Richter-Roland den Prinzen Mitislaw, Herzog von Benzinien, Mella Mars die Gräfin Tina Jerzabinka und Siegmund Natzler den Grafen und Großkanzler Thaddäus Jerzabinka. Dirigent war Béla Laszky, Regie führte Siegmund Natzler, Gründer und Direktor des Kabaretts „Hölle".

Mitislaw der Moderne ist im Prinzip eine einfache Verwechslungskomödie mit erotischen Anspielungen und – für heutige Verhältnisse – politisch inkorrekten Witzen. Der junge, „sittliche und blonde" Prinz Mitislaw kehrt aus Paris zurück und wird vom Statthalter und Kanzler Graf Jerzabinka zur Einhaltung von Sitte und Moral gedrängt. Der von allen Manneskräften verlassene Jerzabinka – „Ich bin der Kanzler! Wie sie seh'n, von sittlicher Natur, das fällt mir leicht, denn – sie versteh'n – ich bin schon – hors concours!" – leidet unter seiner, zwar nicht mehr in den besten Jahren stehenden, aber dennoch liebeshungrigen Gattin Tina von Jerzabinka. Tina verkörpert die Figur der komischen Alten, die sich während des Stückes in den jungen Prinzen Mitislaw verliebt, aber naturgemäß am Ende alleine dasteht. „Und was geschieht mit mir?" – „Du bist Retourware – ein Pofel! Du wirst eingelagert!" Das Gegenstück zur komischen Alten ist die junge, spritzige und freche Prinzessin Amaranth von Odolien, die von ihrem Vater nach Benzinien geschickt wird, um den Prinzen Mitislaw zu heiraten. Sie reist nur, um dieses Vorhaben zu vereiteln. Warum? „Weil ich ihn haben kann! Und darauf pfeif' ich. Mich reizt nur das Unerreichbare! Das Verbotene! Aber einen Mann, den ich nicht kenne, und der mich nicht kennt, und den ich heiraten soll, um ihn auf das Kommando los zu lieben, das ist nicht zu machen." Dieses Hauptmotiv der Operette wird durch einen Schwindel, eine kleine List, gebrochen: Amaranth, die erfährt, dass der Prinz aus denselben Gründen sie nicht heiraten will, gibt sich als Gattin des Kanzlers aus. „Den Mann bieg ich mir bei." Mitislaw hält sie für dessen Frau und „besteht darauf, sie ihm wegzuschnappen". Und sei es mit der Gewalt des Gesetzgebers:

Ein Strafgesetz nach neuem Stil,
das führ' ich heut' noch ein,
wer sich der Tugend widmen will,
spaziert ins Loch hinein.
Das Eherecht ist absolut

veraltet in der Form,
Hier täten wohl Reformen gut,
bigamisch sei die Norm.

Am Ende vor die Alternative gestellt, sich entweder für die junge Amaranth oder für die alte Tina zu entscheiden, heiratet er doch lieber „unmodern eine Moderne – als modern eine Unmoderne".[2]

---

2 Alle Zitate aus Mitislaw der Moderne in: Fritz Grünbaum, Robert Bodanzky: Mitislaw der Moderne. Operette in 1 Akt. Musik von Franz Lehár. Verlag Josef Weinberger. Wien o. J.

Grünbaum und die Musik III –
Patriotismus während des Ersten Weltkriegs

Georg Wacks

Grünbaums bewährter Co-Autor Robert Bodanzky entzog sich als eingefleischter Pazifist – im Gegensatz zu Grünbaum, der erst durch seine Teilnahme am Kampfgeschehen den Wahnsinn des Krieges erkannte – im Ersten Weltkrieg dem Hurra-Patriotismus:

> Es geht wieder los. Mit Bum-bum und Trara haben sich die Volksbeglücker aller Schattierungen wieder zusammengetan. Alles, was an Schlagworten, hohlen Phrasen, Lügen, Gemeinplätzen und Demagogen-Firlefanz zur Verfügung steht, wird mobil gemacht und einer noch immer leichtgläubigen Masse mit heuchlerischer Begeisterung vorgeführt.[1]

Unter dem Pseudonym „Danton" schrieb er in der von ihm mitbegründeten anarchistischen Zeitschrift *Erkenntnis und Befreiung* zahlreiche politische Aufsätze und veröffentlichte 1919 das Buch *Wenn der Glorienschein verbleicht*. 1922 übersiedelte Bodanzky nach Berlin, wo er aber nicht mehr richtig Fuß fassen konnte und im Jahr darauf verstarb.

Grünbaum, noch ganz im Taumel des Kriegsbeginns, textete für das Singspiel in 3 Akten *Anno 1914*, Musik von Ralph Benatzky, aufgeführt im „Wiener Stadttheater", vorgetragen von Josma Selim, das musikalisch sehr ins Ohr gehende *Draußen in Schönbrunn*. Die hier folgende zweite Strophe war ganz im Stil der von der bürgerlichen Presse ausgegebenen patriotischen Grundhaltung:

> Wann's der böse Nachbar will, gibt's ka G'müatlichkeit,
> lebt der beste Mensch nicht still, muss hinaus in Streit!
> Kommen is' der feige Feind, doch er hat si' g'irrt,
> denn ganz Öst'rreich steht vereint, und der Kaiser führt.
> Er hat uns g'rufen und gleich war'n wir da,
> Deutsche und Böhmen und Ungarn, hurrah!
> Sixt es, da fragt man sich, wer sorgt dafür,
> dass mit der Faust wieder Frieden wird hier?

---

1 Zitiert nach: Andreas Sperlich: Robert Bodanzky. Der Librettist. Der Anarchist. In: Programmheft des Letzten Erfreulichen Opertheaters (2005), S. 10–11.

Draußen im Schönbrunnerpark,
draußen im Schönbrunnerpark
sitzt ein alter Herr, sorgenschwer;
gibt in aller Herrgottsfrüh'
schon für unser Wohl sich Müh',
gönnt sich nimmer fast
Ruh und Rast!
Lieber, guter, alter Herr,
mach' dir doch das Herz net schwer,
dass sie so an Kaiser hat, seelig ist d'Weanerstadt!
Was wir können, woll'n wir tun,
laß dir bisserl Zeit zum Ruh'n,
lieber, guter, alter Herr von Schönbrunn![2]

Sehr interessant ist hier die ikonographische Gestaltung der 1914 im Verlag Ludwig Doblinger erschienenen Ausgabe von *Draußen in Schönbrunn* für Gesang und Klavier.

Das Deckblatt ist in drei Bereiche aufgeteilt und in „Schönbrunner Gelb" gehalten. Die Farben der Monarchie schwarz-gelb prägen den unteren Teil, der den Titel und die üblichen Verlagsangaben enthält. In der Mitte des Blattes geht die Front des Schönbrunner Schlosses mit den Obelisken und den darauf thronenden Adlern über die ganze Breite. Hinter dem Schloss sieht man einen Hügel und den Weg, der hinauf zur Gloriette führt. Ganz oben, über der Gloriette, gottgleich, schwebt auf einem sich türmenden Wolkenberg das Bildnis des Kaisers. Mit Orden geschmückt schaut der Kaiser und oberste Kriegsherr Franz Josef I. verschmitzt, fast dem Betrachter zuzwinkernd, aus dem Oval eines goldgelben Bilderrahmens, wie sie auch auf Friedhöfen zu sehen sind. Ein „erhebendes" Deckblatt für den österreichischen Patrioten. Die sehr schöne und eingehende Melodie dieses Liedes verwertete Benatzky einige Jahre später noch einmal, mit einem anderen Text unterlegt, in seiner Operette *Im weißen Rössel*.

---

2 Fritz Grünbaum (T), Ralph Benatzky (M): Draußen in Schönbrunn. Lied aus dem Singspiel Anno 14, Verlag Ludwig Doblinger. Wien 1914.

Gefällige Zeitspiegelungen?
Anmerkungen zur Wiener Revue,
zu Girl-Truppen
und patriotischen Bekenntnissen

Hilde Haider-Pregler

Unter den szenischen Genres der Unterhaltungskultur gehört die Revue zu den ephemeren. Entstanden ist sie um die Mitte des 19. Jahrhunderts, setzte sich dann um die Jahrhundertwende weltweit durch, erlebte in den 20er Jahren des vergangenen Jahrhunderts mit luxuriösesten Ausstattungsspektakeln ihre ganz große Zeit, machte in der Folge immer weniger von sich reden, versuchte später noch, mit einigen Nachläufern Aufmerksamkeit zu erregen und verschwand schließlich überhaupt, sofern sich nicht, wie etwa für die „Wiener Eisrevue" oder „Holiday on Ice", eine Nische zum Überdauern fand.

Um der Wiener Entwicklung gerecht zu werden, ist ein kürzest gefasster Überblick über die Geschichte der Revue angebracht.[1] Begonnen hat es um 1850 in den Pariser Cafés chantants, wo zum Jahreswechsel Nummernprogramme präsentiert wurden, die in satirischer Form von musikalisch und tänzerisch untermalten kurzen Szenen die wichtigsten Ereignisse des abgelaufenen Jahres als „Revue" – also in der Rückschau – aufrollten. Den roten Faden für diese Reise durchs Jahr lieferten die Kommentare einer Compère- und/oder Commère-Figur. Gevatter und Gevatterin – so die wörtliche Übersetzung – waren jedenfalls volkstümliche, redegewandte Typen, die gern ihre Nase in Alles steckten und genussvoll darüber tratschten. Durch die verschärfte Zensur des Second Empire trat dann der kritisch-satirische Aspekt in den Hintergrund, doch der Beliebtheit der Revuen tat dies keinen Abbruch. Ganz im Gegenteil! Sie übersiedelten in größere Etablissements und wandelten sich im Fin-de-siècle zu luxuriösen Ausstattungsspektakeln. Auch im angelsächsischen Raum füllten sich in London und später in New York die Music Halls, wenn bilderreiche Revuen, die nicht einmal einen roten Handlungsfaden aufweisen mussten, auf dem Programm standen und bestens gedrillte Girl-Truppen auftraten. Im deutschsprachigen Raum wurden Berlin und Wien Zentren für jenes Phänomen der Unterhaltungskultur, wobei die

---
1 Zur Geschichte der Revue vgl. Franz-Peter Kothes: Die theatralische Revue in Berlin und Wien 1900 – 1940 unter besonderer Berücksichtigung der Ausstattungsrevue. Phil. Diss. Wien 1972.

Nummerndramaturgie stets von einem Handlungsfaden zusammengehalten wurde und dem Conférencier, manchmal auch der Doppelconférence entscheidende Bedeutung beigemessen wurde. Die Revue huldigte aber, jeweils abhängig vom Moralbegriff der Zensur, auch mit Tableaux und manchmal sogar mit Tanzsolos einem den Voyeurismus bedienenden Schönheitskult mit dem nackten Frauenkörper. Thematisch bezogen sich die Revuen im deutschsprachigen Raum auf aktuelle, parodistisch und humoristisch behandelte Zeitereignisse, wobei die österreichischen Revuen oftmals die gute alte Zeit wieder aufleben ließen und der Gegenwart gegenüberstellten. Da für die Revueproduzenten kommerzielle Interessen im Vordergrund standen, musste die große Ausstattungsrevue möglichst breite Publikumsschichten ansprechen. Diese bürgerlichen Revuen entwickelten sich nach dem Ersten Weltkrieg deutlich zum typischen „Zeittheater" einer schnelllebigen sensationshungrigen Gesellschaftsschicht: Treffpunkt der eleganten Welt, darunter nicht wenige Kriegsgewinner und Spekulanten, Traumfabrik für die weniger Begüterten, von den Intellektuellen misstrauisch beäugt, aber doch neugierig konsumiert. Die Revue zeigte sich als Gesamtkunstwerk ohne idealen Anspruch, sie vereinte alle Künste, Schauspiel, Kabarett, Tanz, Musik, Gesang, Akrobatik und Ausstattungseffekte. Franz Peter Kothes zeigt in seinem Standardwerk über die Revue auf, dass trotz aller Ausstattungsopulenz in den Nummern auch mit parodistischer Kritik Heiterkeit erregt wurde – allerdings boten sich dafür die Feind- und Schreckbilder des Bürgertums als Zielscheiben des Spottes an. Im Gegensatz dazu erschien der Bourgeois als Prototyp des raffgierigen Ausbeuters als unverzichtbare stehende Figur auf Revuebühnen ganz anderer Art. Als vielleicht signifikanteste Form des „Zeittheaters" wurde nämlich die Revue-Form auch von jenen genützt, die der bürgerlich-kapitalistischen Gesellschaft den Kampf ansagten und die Revue – wie etwa Piscator in Berlin[2] – zu aufpeitschender politischer Agitation nützten.

Was nun Wien betraf, so trat die – selbstverständlich bürgerliche – Revue um die Jahrhundertwende ihren Siegeszug an. Von der Theaterkritik wurde sie, sobald sie vom vorstädtischen Bildungsamüsement zum Luxusartikel aufgestiegen war, sehr wohl und oft auch ausführlich zur Kenntnis genommen, spaltete jedoch alsbald die Geister, wie zwei Extrempositionen illustrieren sollen. Felix Salten war ein entschiedener Gegner. Seiner Meinung nach bezeugte die Revue „die Armut des Theaters, ausgestattet mit verschwenderischer Pracht. Die Revue ist

---

2 Im Auftrag der KPD schrieben Erwin Piscator und Felix Gasbarra die „politisch-proletarische" Revue Roter Rummel (Musik: Edmund Meisel, Premiere 22. November 1924), die im Wahlkampf eingesetzt wurde. – Anlässlich des 10. Parteitags der Kommunistischen Internationale wurde am 12. Juli 1925 im Großen Schauspielhaus in Berlin die „historische Revue aus den Jahren 1914 bis 1919 in 24 Szenen mit Zwischenfilmen" Trotz Alledem! (Text: Erwin Piscator und Felix Gasbarra, Musik: Edmund Meisel, Bühnenbild: John Heartfield) aufgeführt. Auch das Arbeiter- und Agitprop-Theater bediente sich daraufhin der Revue-Form. Vgl. Ludwig Hoffmann und Daniel Hoffmann-Ostwald (Hg.): Deutsches Arbeitertheater 1918 – 1933, 2 Bde. Berlin (DDR) 1972².

der erklärte Bankrott des vernünftigen Stückes, auch des niedrigsten Schwankes, denn selbst die dümmste Posse hat noch mehr Vernunft und Zusammenhang als eine Revue."[3] Auf der anderen Seite konnte man auch lesen: „Was Amerika unter den Staaten, ist die Revue unter den Kunstgattungen: das Gebiet der unbegrenzten Möglichkeiten".[4]

Man kann sogar behaupten, dass die Revue in ihrer Glanzzeit in Berlin und Wien wirklich die „unbegrenzten Möglichkeiten" des Theaters gegenüber der Konkurrenz der neu auftauchenden Medien – wie Film und später Radio – verteidigen wollte, indem sie nämlich auf jene Medien reagierte und sie als zusätzliche Elemente in ihre Dramaturgie integrierte, aber eben nur als Zutat. Waren Filmvorführungen im Variété ein eigener Programmpunkt, so waren sie in Revuen manchmal in die Szenen eingebaute ästhetische Ergänzungen. Aufs Aufkommen des öffentlich-rechtlichen Radios reagierte man sogar mit eigenen Programmen. Im März 1924, als ganz Wien dem Beginn eines regelmäßigen Sendebetriebs durch die Österreichische Radio-Verkehrs A. G. (RAVAG) entgegenfieberte[5] und in der Presse laufend Artikel über die unbegrenzten Möglichkeiten, aber auch mögliche Gefahren des neuen Mediums erschienen, lief im „Ronacher" die Ausstattungsrevue *Alles fürs Radio!* (Text: Karl Farkas und Gustav Beer, Musik: Fritz Lehmann). Der Titel versprach allerdings mehr, als die Produktion inhaltlich einlöste. Sie hatte nämlich, wie der Kritiker des *Neuen Wiener Extrablattes* am 23. März 1924 enttäuscht vermerkte, „mit der drahtlosen Erfindung nichts zu tun." Stattdessen entführte sie das Publikum auf dem Höhepunkt der Inflation in ein beschauliches Biedermeier-Wien, später auf ein Geisterschiff und in eine Londoner Bar. Im Gegensatz zum Titel sorgten ausgerechnet optische Tricks für Überraschungen: Da nahm etwa ein „Wunderschatten" dreidimensionale Gestalt an, sobald man ihn durch Lorgnons mit zweifärbigen Gläsern – das eine rot, das andere grün – betrachtete. Aufschlussreich ist auch die Haltung der nach Kriegsende zwar abgeschafften, aber ungeachtet dieser Tatsache weiter amtierenden Zensur der Revue gegenüber. Farkas und Grünbaum hatten, unter Bezugnahme auf die Besetzung des Rheinlandes durch französische und belgische Truppen, ein versöhnliches Duett zwischen dem deutschen Michel, dem „Opferlamm des Weltgerichts" und der französischen Marianne eingebaut. Diese Szene fiel dem Rotstift zum Opfer, während die vor kurzem noch so rigiden Hüter der öffentlichen Moral nun gegen „nackte Mädchenbeine" und weithin entblößte (Frauen)Körper nichts mehr

---

3 Kritik Felix Saltens in der Neuen Freien Presse (5. Oktober 1926) zur Revue Wien lacht wieder! von Karl Farkas und Fritz Grünbaum (Premiere: 2. Oktober 1926, Neues Wiener Stadttheater).
4 Otto Zarek: Revuedichter möchte ich sein. In: Revue-Magazin der Charell-Revue Für Dich, zit. n. Kothes, Die theatralische Revue, S. 75.
5 Zu den Anfängen des öffentlich-rechtlichen Rundfunks in Österreich vgl. Viktor Ergert: 50 Jahre Rundfunk in Österreich. Salzburg 1974.

einzuwenden hatten.[6] Etwa zwei Jahre später griff Fritz Grünbaum – diesmal als Alleinautor – in der Revue *Radiorummel auf Welle 351* im „Theater an der Wien" (9. Februar 1926) noch einmal das Thema Rundfunk auf. In diesem Jahr besaßen bereits über 100.000 Hörer eine Empfangslizenz für die seit 1. Oktober 1924 täglich ausgestrahlten RAVAG-Programme, die auf Welle 350 über den Äther gingen; und die RAVAG übersiedelte aus dem behelfsmäßigen Studio im Dachgeschoß des Heeresmuseums in ein eigenes Funkhaus in der Johannesgasse. Der Revue-Titel lässt lokale Bezüge und vielleicht auch eine parodistische Selbstreflexion des sogenannten „Dampfradios" in der Art von Hans Fleschs *Zauberei auf dem Sender* vermuten, während „Rummel" auch eine ironische Anspielung auf die politische Revue gewesen sein könnte. Wurden in der Stummfilmzeit dann und wann die bewegten Bilder in Revuen eingeblendet, so setzte man sich – in Wien energischer als in Berlin – gegen die Konkurrenz des aufkommenden Tonfilms zur Wehr. Während der – nicht nur vom Film ausgelösten – Theaterkrise um 1930 kam es mehr als einmal zur zumindest zeitweiligen Schließung so mancher Bühnen, was Karl Farkas zu dem Kommentar anregte, er beobachte in der Wiener Kulturlandschaft immer mehr „Nichtspiel- und Lichtspieltheater".[7] Farkas wehrte sich dagegen, indem er – z. B. für seine Revue *Immer die Liebe* – bei Hans Otto eigene Filmsequenzen in Auftrag gab, die den Kritiker Hans Liebstoeckl an die „Kinosachlichkeit der Vorkriegszeit" erinnerten.[8] In anderen Revueproduktionen hingegen wurden der Studiobetrieb und aktuelle Filme aufs Korn genommen. In der „Femina"[9] stand zum Beispiel 1931 *Achtung! Aufnahme! Los!* auf dem Programm und fand derartigen Anklang, dass ein Jahr später in einer Revue mit dem Titel *So etwas Verrücktes!* sogar Ausschnitte aus Filmen der 20th Century Fox höchst unterhaltsam in die Handlung integriert wurden.[10]

Die Beliebtheit der Revue zeigt sich auch in der Tatsache, dass das Genre sehr bald eine Reihe von Subgenres entwickelte: Da gab es neben den „großen" auch die „kleinen" Ausstattungsrevuen, zum Beispiel die Kammerrevue, die Kabarettrevue oder auch die Revueoperette, ja sogar die Kinderrevue. Was an der Wiener Revue ferner besonders auffällt, ist ihre enge Verbindung mit dem Kabarett bzw. mit dessen Protagonisten.

Die großen Ausstattungsrevuen wiesen in Wien schon seit ihren Anfängen oftmals patriotisch-propagandistische Züge auf. In Ben Tiebers „Apollo-The-

---

6   Vgl. Hilde Haider-Pregler: „Jeder Zeit ihre Kunst." Karl Farkas und die österreichische Revue der Zwischenkriegszeit. In: Marcus Patka und Karl Stalzer (Hg.): Die Welt des Karl Farkas. Wien 2001, S. 29 ff.
7   Karl Farkas: Die neue Rettung. In: Hans Veigl (Hg.): Karl Farkas. „Hut auf!" Gereimtes und Ungereimtes. Wien, München 2000, S. 88.
8   Neues Wiener Extrablatt, 5. Februar 1931.
9   Das von Josef Hoffmann zusammen mit Künstlern der Wiener Werkstätten gestaltete Jugendstil-Kabarett „Fledermaus" (1907 eröffnet) in der Kärntner Straße 33 wurde 1913 von den Gebrüdern Schwarz übernommen und als Revuebühne weitergeführt.
10 Vgl. Kothes, Die theatralische Revue, S. 156 ff.

ater" lief zum Beispiel 1908 zu Franz Josefs 60jährigem Regierungsjubiläum ein Revue-Programm, das deutlich in der Nachfolge der traditionellen Huldigungsspiele steht. Herzstück war da die Parade der Nationen, die in ihren Nationaltrachten mit Fahnen und Militärs aufmarschierten, um dem Kaiser ihre Ehrerbietung zu erweisen. Und an der Spitze einer Mädchenschar stellte sich eine „kleine Wienerin" als Gratulantin ein, die dem Herrscher, ihrem „guten, lieben, schönen, süßen Großpapa" in einem Lied ihre kindliche Zuneigung versicherte.[11]

Zwischen 1914 und 1918 nahmen so manche Revuen ihre Funktion als „Zeittheater" auch im Dienste der Kriegs- und Durchhaltepropaganda wahr. Schon im Oktober 1914 setzte das „Apollo-Theater" eine Produktion mit dem Titel *Der Kriegsberichterstatter* aufs Programm, und noch im Jänner 1918 wurden, so die *Neue Freie Presse*, in *Wie wird man Millionär?* „furchtbare Begebenheiten auf dem Weltkriegstheater in geschmackvoller und niemals den gebotenen Takt verletzender Weise in die flott geschürzte Handlung" einer Unterhaltungsrevue eingebaut.[12] Und der Österreich-Patriotismus des Ständestaates bescherte der Revue in Österreich in den dreißiger Jahren noch eine späte Blüte. Doch davon später.

Exemplarisches Beispiel einer „kleinen" Ausstattungsrevue mit kabarettistischen Elementen ist etwa *Hallo, hier Grünbaum!* mit der Musik von Richard Fall. Diese viel gelobte Eröffnungsproduktion von Grünbaums kurzlebigem „Boulevardtheater" in der Annagasse Ende August 1927 enthielt in ihren 21 Bildern alle dramaturgischen und ästhetischen Ingredienzien des Genres. Inhaltlich ließ sich Grünbaum von Goethes *Faust* zu einem parodistischen dritten Teil inspirieren, indem er den Pakt zwischen Faust und Mephisto umkehrte. Denn nicht Faust, der hochberühmte Dichter, der in einem Rundbett in Form eines Lorbeerkranzes zu schlafen pflegt, wird auf die Probe gestellt, sondern Mephisto muss sich davor hüten, zum Augenblick zu sagen „Verweile doch, du bist so schön!" Diese Stoffwahl fand die Zustimmung der meisten Kritiker. Da hieß es etwa, dass in dieser „kleinen, aber kompletten Ausgabe einer Revue von Witz, Eleganz, Tempo und Temperament um das bekannte Duettistenpaar von Faust und Mephisto, die miteinander ausziehen, ein Gretchen von heute zu verführen," das Publikum endlich einmal nicht unterschätzt werde.[13] Nach dem typischen Stationenprinzip der Revue führte die von Armin Berg als Conférencier begleitete Reise durch die Welt u. a. nach Budapest, zu den Salzburger Festspielen, danach in die Mississippi-Gegend und schließlich nach Genf zum Völkerbund. Für „zeitaktuelle Anspielungen" war also gesorgt. Typisch für die Wiener Revue war dabei differenzierte sprachliche Gestaltung, die sowohl auf pointiertem Witz basierte und sich darüber hinaus aber auch der verschiedenen Dialekte und

---

11 Vgl. Kothes, Die theatralische Revue, S. 30 ff.
12 Vgl. Kothes, Die theatralische Revue, S. 69.
13 Der Tag, 31. August 1927, Fred Heller.

Jargons aus den Ländern der ehemaligen Donau-Monarchie bediente, so dass sich „die ganze idiomatische Komik der k. k. Habsburg-Völker"[14], entfaltete. Die Produktion zeigt aber auch in signifikanter Weise, welche Rollen Frauen in einer Revue zugewiesen waren. Das Publikum erwartete in so gut wie jeder Unterhaltungsrevue die künstlerische Enthüllung des perfekten weiblichen Körpers, sowohl in Ensemble- als auch in Solo-Auftritten. In *Hallo, hier Grünbaum!* zog Claire Bauroff[15] als barbusige Amazone alle Blicke auf sich. „Den künstlerischen Gipfel erreicht natürlich Claire Bauroff mit ihrem Amazonentanz", hieß es im *Morgen*:

> Die mimisch-plastische Szene, in der Claire Bauroff die Leiden und Spannungen einer sterbenden Amazone, die unter Todesqualen noch einen letzten Speer in die feindlichen Reihen zu werfen versucht, reißt zu restloser Bewunderung hin. Vollendetes Kunstwerk, getragen und ausgedrückt von dem vollkommensten Körper, schaffen minutenlang eine revuefremde Stimmung tief menschlicher Andacht.[16]

Den Kritiker der *Neuen Freien Presse* inspirierte die Darstellung der spärlich bekleideten Kriegerin sogar zu etwas eigenartigen poetischen Höhenflügen. Er sah in Claire Bauroffs Darbietung ein „Kabinettstück durchgeistigter Körperkunst", „deren Ausdruck in Hand und Fuß von den Augen dirigiert wird."[17] Neben Claire Bauroff trat an diesem Abend auch die junge Maria Ley[18] als Solotänzerin hervor. „Von Maria Ley wird in einem Revuebild scherzhaft gesagt, sie beziehe 100 Schilling Gage für ihren Tanz, 200 Schilling für ihr Lächeln. Ich halte die Proportion für durchaus angemessen", kommentierte Fred Heller.[19]

---

14 Der Morgen, 29. August 1927.
15 Claire Bauroff trat in den 1920er und -30er Jahren in Wien und Berlin als Ausdruckstänzerin hervor. Ihr Name ist auch eng mit den Pionierinnen der künstlerischen Fotografie verbunden. Im Studio von Trude Fleischmann (1895–1990) in Wien entstanden 1925 eine Reihe von Aktstudien, Lotte Jacobi (1896–1990) hielt 1928 in Berlin Momente aus Bauroffs Tanzschöpfungen im Bild fest: „Wie sie 1928 eine Drehung der Tänzerin Claire Bauroff fotografiert, hebt das Bild über eine Momentaufnahme hinaus: Es wird zur Definition des modernen Ausdruckstanzes, der damals in Berlin entstand. Claire Bauroffs Improvisationsstil, ihr Kleid, das in der Bewegung fast die Brust entblößt – der Freigeist der Zeit im Bruchteil einer Sekunde fixiert. Das Bild ist so lebendig, dass man beim Betrachten geradezu erwartet, gleich den nackten Fuß der Tänzerin auf dem Boden aufsetzen zu hören." Zitiert nach: Die Welt, 21. April 2004, anlässlich einer Ausstellung von Lotte Jacobis Werken im Jüdischen Museum in New York.
16 Der Morgen, 29. August 1927.
17 Neue Freie Presse, 31. August 1927.
18 Maria Ley (1898 Wien–1999 New York), ausgebildete Tänzerin, Tätigkeit als Choreographin (u. a. für Max Reinhardt), ab 1933 in Frankreich, Promotion an der Sorbonne, 1937 Heirat mit Erwin Piscator, mit ihm Emigration in die USA und gemeinsamer Aufbau des „Dramatic Workshop", daneben Tätigkeit als Dramatikerin, Regisseurin und Dozentin. Nach Piscators Tod verzichtete Maria Ley auf die eigene Karriere, um sich in Publikationen und mit der Stiftung eines „Piscator Awards" Piscators künstlerischem Erbe zu widmen.
19 Der Tag, 31. August 1927.

Dass sich Frauen in Revuen als witzig pointierende, drastische Komikerinnen individuell profilieren konnten, war eher ein Ausnahmefall. Dies gelang Irene Seidner, die in *Hallo, hier Grünbaum!* ihr vielbeachtetes Bühnendebüt feierte und als böhmakelnde Nervensäge die Geduld ihrer Mitreisenden in einem Zugscoupé auf eine harte Probe stellte. Man verglich die damals bereits 47jährige, bald darauf ans „Deutsche Volkstheater" und später an die „Josefstadt" engagierte Dame der Wiener Gesellschaft sogar mit Gisela Werbezirk.[20]

Viel wichtiger waren Frauen jedoch als Kollektiv, besonders in den großen Ausstattungsrevuen. Das Programm der von Karl Farkas und Fritz Grünbaum in bewährter Doppelconférence präsentierten Produktion *Wien lacht wieder!* kündigte als besondere Attraktionen neben einer senegalesischen Prinzessin namens Bainka „Mr. Shurleys 16 Hippodrome Girls", „50 schöne Wienerinnen" und weitere „schöne Frauen aus aller Welt: Engländerinnen, Französinnen, Italienerinnen, Ungarinnen und Böhminnen" an.[21] Ohne Girls kam so gut wie keine Revue aus, nicht einmal die kleine. „Revue ist [...], wenn ein Dutzend schlanker Mädchen nackte Beine zeigen. (Wenn sie mehr zeigen, umso besser.)"[22] Eine „girllose Revue" sei eine „vegetarische Revue", ätzte Alfred Polgar. Sie habe daher „gar keinen Nährwert. Für den Zuschauer so wenig, wie für den Unternehmer."[23] In seinem nicht ganz ernst gemeinten „Revue-Lexikon" definierte Alfred Polgar „Girls" als „Produkte aus Anmut plus en gros Tanz. Man unterscheidet New Yorker und Londoner Girls. Erstere sind aus Berlin, letztere aus Manchester."[24] Dies war ein deutlicher Seitenhieb auf jene perfekt gedrillten Gruppen, die auf den führenden Revue-Bühnen weltweit unter dem internationalen Marken-Zeichen „Tiller-Girls"[25] Furore machten. In den 1920er

---

20 Irene Seidner (1880–1959) musste 1938 aus Österreich flüchten, emigrierte in die USA, spielte in Los Angeles an Walter Wicclairs „Freier Bühne" und wirkte in mehr als 30 Hollywood-Filmen mit.
21 Wien lacht wieder! Ausstattungsrevue in zwei Akten (40 Bildern) von Karl Farkas und Fritz Grünbaum, Musik von Ralph Benatzky, Regie: Karl Farkas. Premiere am 2. Oktober 1926 im „Neuen Stadttheater" in der Skodagasse.
22 Programmheft zur Grünbaum-Revue Rund um den Mittelpunkt, Musik von Egon Neumann, Premiere in der „Hölle", 20. Februar 1925, zitiert nach Kothes, Die theatralische Revue, S. 75.
23 Alfred Polgar: Girls. In: Programmheft zu Alles aus Liebe! Ausstattungsrevue in 50 Bildern von Karl Farkas, Musik: Ralph Benatzky, Premiere: Stadttheater 1. Oktober 1927, S. 20.
24 Polgar, Girls, S. 7.
25 John Tiller, ein ehemaliger Textilmanager aus Manchester, stellte 1890 zum ersten Mal eine Gruppe junger Tänzerinnen zusammen, die er mit militärischem Drill zu einer völlig synchron agierenden Truppe ausbildete. Bis zu seinem Tod (1925) hatte er etwa 7500 Tänzerinnen ausgebildet und als Girl-Truppen in internationalen Revue-Theatern unter Vertrag. Sein Sohn führte die Arbeit des Vaters weiter. Jede Gruppe bestand aus gleich großen, auch im Körperbau einander zum Verwechseln ähnlichen Tänzerinnen. Vgl. Hedwig Müller: Die Girls. Thesen einer Veränderung. In: Elmar Buck (Hg.) Frauen & Männer. Festschrift für Renate Möhrmann. Erfurt 1999, S. 61-68. Der Artikel untersucht im politischen Kontext die Metamorphose des „Girl"-Phänomens zum „Hiller-Ballett", das in Berlin noch bis 1943 als „Deutschlands beste Girl-Truppe" – „Ein Körper-! Ein Rhythmus-! Ein Schlag-!" – Triumphe feierte.

Jahren wurden zwar fallweise auch angloamerikanische Girl-Truppen nach Wien importiert, besonders stolz waren die Revue-Produzenten aber, wenn sie – angeblich – heimische Mädchen präsentieren konnten, etwa die explizit als „Vienna Girls" bezeichnete Truppe in der Gebrüder Schwarz-Revue *Wien gib acht!* (1923) oder die bereits erwähnten, von Hubert Marischka requirierten „50 schönen Wienerinnen" in *Wien lacht wieder!* (1926).

Auch Grünbaums Faust war von „bildhübschen" Wienerinnen umgeben, über die der Kritiker des *Neuen Wiener Journals* begeistert berichtete: „Die zehn Boulevardgirls schließlich, die unter dem Regiezepter Robert Nästlbergers in funkelnagelneuen, wunderschönen Kostümen eine Nachfolgerschaft der Haller-Mädels antreten, bilden eine besondere Attraktion des kleinen, netten Theaters ..."[26]. Die christlichsoziale *Reichspost* hingegen sah in den Girls einen besonders verderblichen Auswuchs der grundsätzlich als sittenwidrig abgelehnten Revue; die Revue als solche sei, suggerierte der anonyme Rezensent mit antisemitischen Untergriffen, eine vom anderen Ufer des Donaukanals importierte Unterhaltung, und er wies überdies darauf hin, dass Grünbaum einige Monate zuvor „als einer der 89 Geistigen Wiens" einen Wahlaufruf der Wiener Sozialdemokraten unterstützt habe.[27]

Diese Sorge um die öffentliche Moral vorschützenden Hetztiraden wurden dem Phänomen der Girls ebenso wenig gerecht wie jene Lobeshymnen, die voyeuristische Schaulust mit tabuloser Aufgeschlossenheit für ein neues Körperbewusstsein gleichsetzten. Allerdings gab es auch damals schon Stimmen, die sehr wohl zu differenzieren verstanden. Ohne das erotische Phantasien weckende Vergnügen des (männlichen) Publikums am Anblick eines gewissermaßen beliebig vervielfältigbaren weiblichen Idealkörpers in Abrede zu stellen, machte Alfred Polgar zugleich darauf aufmerksam, dass es sich dabei um die unverblümte Vermarktung des seiner Individualität beraubten Frauenkörpers handelte. „Gespenstisch an den Girls ist, dass sie auch Gesichter haben. Das menschliche Antlitz als Zugabe, als eigentlich sinnloser Annex von Büste, Bauch und Beinen", konstatierte er mit verblüffender Offenheit – noch dazu in einem Revue-Programm. „Warum eigentlich Frauen ins Revue-Theater gehen, verstehe ich nicht recht. Kein Ensemble von halbnackten Boys bietet ihnen Anregungen, wie uns die Girls sie bieten. In den Revuen zeigt sich der Primat des Mannes noch unerschüttert."[28] Der in perfekter Gleichförmigkeit agierende weibliche Körper wird zur Ware, die sich in beliebiger Stückzahl produzieren lässt. Ein solcher Körper ist auch ohne weiteres als Objekt einsetzbar: Girls verkörperten manchmal Parfumflaschen, Bridgekarten, Zigarren oder – wie in der oben besprochenen Grünbaum-Revue – Salzburger Nockerln u. a. m., was

---

26 Neues Wiener Journal, 31. August 1927.
27 Reichspost, 31. August 1928.
28 Polgar, Girls, S. 21. Im selben Programmheft schildert auch Fred Heller (S. 17), wie Anwärterinnen für eine Girl-Truppe zur „Musterung" anzutreten haben: „Mit gewandtem Griff überzeugt sich der strenge Blick davon, ob äußerer Schein nicht trügt."

Alfred Polgar offenkundig als Naturgegebenheit hinnahm. „Herren als Gemüse oder Edelsteine könnte man sich nicht gut denken. Offenbar ist die Frau besser geeignet, eine Sache vorzustellen als der Mann."[29]

Umso erstaunlicher ist es daher, dass in Wien neben den professionellen Girl-Truppen auf den Revue- und Variétébühnen noch eine weitere, nirgendwo sonst zu findende Girl-Spezies hervortrat, und zwar im sozialdemokratischen „Politischen Kabarett", das zwischen 1926 und 1933 in 13 Programmen der gesellschaftliche Missstände verschleiernden bourgeoisen Unterhaltungskultur den Kampf ansagte.[30] In Österreich hatte dieses politische Theater zwar keineswegs jenen öffentlichen Stellenwert wie in Berlin, doch auch auf Wiener Boden wurde, wie Friedrich Scheu erstmals nachwies, „Humor als Waffe" eingesetzt.[31] Wie im deutschen und sowjetischen Agitationstheater bediente man sich dabei auch in Wien der theatralen Waffen des Gegners, indem man sie für die eigenen Anliegen ummünzte. Die Revue wandelt sich auf diese Weise von der Traumfabrik zum vergnüglich belehrenden Agitationsspektakel.

Robert Ehrenzweig, nicht nur einer der Autoren, sondern auch Theoretiker des „Politischen Kabaretts", ging in seinen Überlegungen davon aus, dass gerade die realitätsferne, über Klassengegensätze hinwegtäuschende Phantasiewelt der bürgerlichen Revue auf schwer arbeitende Menschen magische Anziehungskraft besaß und daher, „bewusst oder unbewusst", als „Mittel zur Festigung der bürgerlichen Ideologie" funktioniere.[32] Folglich mussten auch im „Politischen Kabarett" die Schaulust und das Unterhaltungsbedürfnis befriedigt werden. Die Repräsentanten der „Reaktion" wurden als scharf karikierte Typen bloßgestellt, die – oft angelehnt an die Volkskomödientradition – sprechende Namen trugen, aufrüttelnde Musik oder umgetextete einschmeichelnde Melodien sorgten für Stimmung. Schon der Titel des ersten Programms – *Wien, wie es lacht und weint* – im Dezember 1926 lässt sich als bewusste Kampfansage der nicht professionellen DarstellerInnen des „Politischen Kabaretts" an die luxuriöse Ausstattungsrevue lesen. Feierten doch Karl Farkas und Fritz Grünbaum seit Oktober mit ihrer „Revue der Stars" *Wien lacht wieder!* allabendlich Triumphe.[33]

Dazu kam im „Politischen Kabarett" noch jene direkte Anleihe bei der bürgerlichen Revue, die in beiden – in Wien nur aus Programmschriften und Berichten bekannten – deutschen und sowjetischen Polit-Revuen undenkbar gewesen wäre. In seinem Standardwerk über *Theater im Roten Wien* nennt Jürgen Doll „die Präsenz einer Truppe kurzgeschürzter Girls" als „die ungewöhnlichste Eigenart des Wiener Politischen Kabaretts."[34] Und auch bei Scheu kann man

---
29 Polgar, Girls, S. 21.
30 Vgl. dazu Jürgen Doll: Theater im Roten Wien. Vom sozialdemokratischen Agitprop zum dialektischen Theater Jura Soyfers. Wien, Köln, Weimar 1997.
31 Friedrich Scheu: Humor als Waffe. Wien, München, Zürich 1977.
32 Zitiert nach Doll, Theater im Roten Wien, S. 97.
33 Vgl. Doll, Theater im Roten Wien, S. 114.
34 Doll, Theater im Roten Wien, S. 94. Zum von der Forschung bisher nur pauschal registrierten Phänomen der Girls im politischen Theater vgl. Anna Helleis: Vom Beitrag

lesen: „Die Girls wurden überall eingesetzt, wo es unter irgendeinem Vorwand möglich war, ein halbes Dutzend hübscher junger Mädchen in eine fesche originelle Uniform zu stecken."[35]

Welche Funktion diesen Girls zukam, zeigt eine plastische Beschreibung ihres großen Auftritts im vierten Programm, der *Schwarz-Weiß-Revue*, die den heuchlerischen Kampf bürgerlicher Kreise für „Sittlichkeit und Moral" aufs Korn nahm. Die jungen Frauen erschienen da als „Kerzelweibergirls" in langen dunklen Gewändern mit Rosenkränzen in der Hand auf der Bühne. Sie murmelten „fromme Gebete", die bei „genauem Zuhören den Fluch Gottes auf die bösen ‚Roten' herabwünschen." Doch plötzlich veränderte sich, wie die *Arbeiterzeitung* berichtete, die Melodie:

> Da heben sie die Beine, das Kleid flattert zurück, sie schwingen den entblößten rechten Fuß, sie schwingen den linken, sie machen kehrt und zeigen uns ihre schönere Körperseite, von nichts bedeckt als von einem Tänzerinnenhöschen! Vorn Kerzelweiber, hinten Girls. Unser politisches Kabarett zeigt, was die Zukunft noch alles bringen wird![36]

Ein andermal traten sie als Wäschermädel auf, die den schwarzen Antimarxismus reinwaschen, dann wiederum als reizende kleine Engerln an der Himmelstür, die den heiligen Petrus in Versuchung führen. Einen ihrer größten Erfolge erzielte die Truppe im elften Programm *Denken verboten!* als Klugolin-Girls, auf den Köpfen flotte Trichterhütchen, durch die sich die sensationelle, soeben erfundene Denkdroge Klugolin ins menschliche Hirn träufeln lässt. Abgerechnet wird dabei mit den Gepflogenheiten der angeblich liberalen bürgerlichen Presse. Auch im „Politischen Kabarett" wurden die Frauenkörper in erotisch gewürzter Verdinglichung eingesetzt, etwa als lebendige Schillinge, die auf langen nackten Beinen herumhüpften.

Natürlich stellt sich nun die Frage, ob auch diese Girls als camouflierter optischer Aufputz die (männliche) Schaulust bedienten oder ob ihnen beim Demaskieren der bekämpften Ideologie echte dramaturgische Funktion zukam. Beruflich strebten diese jungen, im sozialdemokratischen Milieu aufgewachsenen Frauen im Teenager-Alter jedenfalls keine Bühnenkarriere an, auch wenn sie für ihre Auftritte von Gertrud Kraus[37], die als gesellschaftspolitisch engagierte Ausdruckstänzerin und Choreographin einen komisch-grotesken Stil kreierte, pro-

---

der Frauen zur sozialdemokratischen Theater-, Tanz-, Sprechchor- und Kabarettarbeit im Wien der 20er und 30er Jahre – eine Spurensuche. Diplomarbeit. Wien 2000.
35 Scheu, Humor als Waffe, S. 32.
36 Zitiert nach Helleis, Vom Beitrag der Frauen, S. 158.
37 Gertrud Kraus (1901 Wien–1977 Tel Aviv), Ausbildung an der Wiener Akademie für Musik (Klavier, ab 1923 Moderner Tanz bei Gertrud Bodenwieser), ab 1924 Solotänzerin und Choreographin, ging 1935 nach Tel Aviv, wo sie die „Gertrud Kraus Dance Group" gründete und bis 1973 ein eigenes Studio leitete. Ab 1954 auch Leiterin der Tanzabteilung der „Rubin Academy" in Jerusalem.

fessionell vorbereitet wurden.[38] Privat kamen sie aus soliden Familienverhältnissen, manche waren sogar Töchter höherer politischer Funktionäre. Auch Vally Lemberger, die Schwester von Leopold Lindtberg, wirkte in der Girl-Truppe mit. Dass sich die Girls auf der Bühne leicht bekleidet zur Schau stellten, empfanden weder sie selbst, noch ihre Familien oder ihr Freundeskreis als anstößig. Gerda Zimbelius, einst Mitglied der Tänzerinnen-Riege des „Politischen Kabaretts", betont sogar, dass die Girls den Typus der selbstbewussten, sportlichen jungen Frau verkörperten – also als Inkarnation eines neuen Körperbewusstseins galten, analog zur Körperertüchtigung in den Arbeiter-Turnvereinen oder bei gymnastischen Vorführungen, wo Frauen auch enge Trikots statt der früher üblichen „sittsam"-unpraktischen Turnkleidung trugen.[39] Vielleicht war damit, wenn man an den Tanzstil von Gertrud Kraus denkt, auch beabsichtigt, die Degradierung der Frauen zum erotischen Schauobjekt parodistisch zu unterlaufen.

Während das „Politische Kabarett" 1933 seine Tätigkeit einstellen musste, erlebte die kommerzielle Unterhaltungs-Revue eine weitere Hochblüte als patriotisches Zeittheater. Man könnte es beinahe als Vorspiel bezeichnen, dass Karl Farkas bereits im August 1932 eine Revue im „Moulin Rouge" mit dem patriotischen Imperativ *Küsst österreichische Frauen!* überschrieb. Der Schritt zur aktuellen patriotischen Österreich-Revue wurde dann Anfang November 1933 im „Neuen Stadttheater" in der Skodagasse mit der „musikalischen Parodie" *O du mein Österreich!* getan. Die Musik stammte von Richard Fall, das Buch von Karl Farkas, Geza Herczeg und Hubert Marischka basierte zum Teil auf Roda Rodas altbewährten, eigentlich als Militärsatire vermeinten *Feldherrnhügel*. Regie führte natürlich Karl Farkas, der auch auf der Bühne wie gewohnt zum Gaudium des Publikums als Verwandlungskünstler brillierte.

Ganz kurz sei an das politische Umfeld dieser Produktion erinnert: Seit Ausschaltung des Parlaments im März 1933 führte Bundeskanzler Engelbert Dollfuß mit Rückgriff auf die kriegswirtschaftlichen Ermächtigungsgesetze von 1917 die Regierungsgeschäfte. Am 11. September 1933 hatte er dann in einer programmatischen Rede am Wiener Trabrennplatz die Forderung nach einen „sozialen, christlichen, deutschen Staat Österreich auf ständischer Grundlage, unter starker autoritärer Fügung" erhoben. Marischka betonte im Programmheft auch dezidiert, dass die aufwändige, zwei Jahre Vorbereitungszeit beanspruchende Produktion von Anfang an als patriotisches Bekenntnis geplant war:

> Nicht das Werk und nicht seine Tendenz haben sich einem Geist angepasst, sondern der Geist der Zeit kommt uns jetzt entgegen. Das Werk soll dem zum vaterländischen Geist erwachten österreichischen Bewusstsein die weitere Konjunktur erleichtern und zum

---

38 Vgl. Helleis, Vom Beitrag der Frauen, besonders Kap. 12 („Das Politische Kabarett und seine Girls"), S. 132 – 195.
39 Vgl. Helleis, Vom Beitrag der Frauen, S. 166 ff.

ersten Mal soll, wenn auch in spielerischer und revuemäßiger Form, die Verehrung vor der großen Tradition der alten Armee erwiesen werden."[40]

Und die österreichische Regierung machte die Premiere am 7. November zu einem demonstrativen populistisch-politischen Ereignis. Die *Österreichische Abendzeitung* berichtet von der heitergespannten Stimmung im zum Teil prominent besetzten Zuschauerraum, wo man ungeduldig aufs Hochgehen des Vorhangs wartete. Endlich „kommt der Bundeskanzler. Großer Jubel. Die ‚Heil Österreich!', ‚Heil Dollfuß!' Rufe wollen nicht verstummen. Als der Bundeskanzler – [übrigens mit seiner Frau, H.H.-P.] – stürmisch akklamiert eine Loge betritt, intonieren die Deutschmeister den Schönfeld-Marsch."[41] An weiterer Polit-Prominenz sah man ferner: die Minister Fey, Stockinger, Buresch und Schmitz, die Staatssekretäre Schönburg-Bartenstein, Neustädter-Stürmer sowie Polizeipräsident Seidl und Major Baron Karg-Bebenburg.

Entsprechende Aufmerksamkeit erntete diese Revue denn auch in der Presse. Sogar die christlichsoziale *Reichspost* wurde mit einem Mal zu einer glühenden Verfechterin des Genres. Hatte sie 1926 anlässlich von *Wien lacht wieder* die stets mit „ungezogenen Ausgezogenheiten" spekulierende Revue noch als auszumerzende „Fremdpflanze" im Wiener Theaterleben verteufelt,[42] so las man es nun, obwohl die Frauen natürlich auch nicht hochgeschlossen auftraten, auf einmal ganz anders. Dieser Stimmungsumschwung steht ganz im Zeichen eines von Dollfuß persönlich definierten patriotischen Kulturbegriffes: „Die Verkündigung von vaterländischen Ideen von der Bühne herab hat die größte Kraft der Propaganda und wiegen [sic!] mit manchen Volksversammlungen und mit vielen Mitteln der Fremdenverkehrspropaganda auf."[43] *Reichspost*-Kritiker Otto Howorka hob in seiner Besprechung sowohl die „stolze Tradition" als auch die „starken Zukunftshoffnungen" dieser „triumphalen Huldigung an ‚O du mein Österreich'" hervor. Besonders eindrucksvoll fand er jenes Bild, in welchem zum Lied *Wenn die Soldaten durch die Stadt marschieren* lebendige Erinnerungen „mit dem ganzen Zauber köstlicher Erlebnisse aus vergangenen Tagen" in ein „Gegenwartssein" hereingenommen würden, in ein „Gegenwartssein", „in dem der Soldatenrock wieder zu Ehren gekommen ist."[44]

Ähnliche Jubeltöne stimmte Felix Fischer im *Neuen Wiener Journal* über den „historischen Festzug" an, „der die Geschichte unserer glorreichen Armee in den letzten tausend Jahren illustriert." Das zweite Finale gipfelte nämlich in einen „grandiosen Aufmarsch, bei dem von den Mannen Rudolf von Habsburgs, Prinz Eugens und Andreas Hofers bis zu den Deutschmeistern die Waffengattungen

---

40 Hubert Marischka: O du mein Österreich, im Programmheft der gleichnamigen Revue, S. 1.
41 Österreichische Abendzeitung, 8. November 1933.
42 Reichspost, 4. Oktober 1926.
43 Von Hubert Marischka im Programmheft der gleichnamigen Revue, (Anm. 40) als wörtliches Dollfuß-Zitat wiedergegeben.
44 Reichspost, 9. November 1933.

aller Zeitalter defilieren."⁴⁵ Der Abend endete damit, dass alle 200 Mitwirkenden *O du mein Österreich* als inoffizielle Volkshymne sangen und daraufhin mit dem Anstimmen der offiziellen Haydn-Hymne das Publikum zum Aufstehen animierten.

Inhaltlich steht auch die „vaterländische" Revue in der Tradition der Wiener Revuen, die von Anfang an immer wieder die eigene Vergangenheit beschworen und mit der Gegenwart amalgamierten. In vielen der kommerziellen Ausstattungsrevuen wurden dem Publikum in so manchen Bildern Zeitreisen in ein gemütliches, sorgenfreies Biedermeier-Wien offeriert, als bewusster Kontrast zu jenen Szenen, die den aufregenden Errungenschaften und (angeblichen) Möglichkeiten der eigenen Zeit gewidmet waren. Doch auch in den kleineren Unterhaltungsrevuen fehlte es nicht an nostalgischen Rückblenden in die „gute alte Zeit". In der „vaterländischen" Revue suggeriert die lebendige Erinnerung an eine „glorreiche" Vergangenheit darüber hinaus eine nicht weniger glorreiche österreichische Zukunft.

In den Revuen des „Politischen Kabaretts" hingegen, das seine Tätigkeit 1933 einstellen musste, nahm man Anleihen bei den stilistischen Mitteln der Altwiener Komödie, um satirisch mit der Gegenwart abzurechnen.

Die Wiener Unterhaltungsrevue, die in all ihren Ausformungen entscheidend von jüdischen Künstlern geprägt war, meldete sich am 29. Februar 1938 zum letzten Mal zu Wort. Die Premiere von *Metro Grünbaum – Farkas' höhnende Wochenschau!* im „Simpl" fand nur noch wenig Widerhall in der Presse. Es sei „ein gelungener Abend" gewesen, den man „mit Recht als Lachfilm" bezeichnen könne, heißt es in einer Kurzkritik im *Neuen Wiener Journal*:

> Denn man unterhält sich köstlich über die vielen Beziehungen, die zwischen Leben, Aktualität und Film hergestellt werden. Es beginnt im alten Aegypten und führt dann gar bald nach Wien, wo der Kurzstreckentarif ebenso lustig bühnenreif gemacht wird, wie ein Kolporteur (Farkas) und ein Dienstmann (Grünbaum) das Wiener Leben mit vielen alten und neuen Witzen von ihrer lokalsatirisch überlegenen Höhe betrachten.⁴⁶

Die letzte Aufführung dieser Produktion findet am 10. März 1938 statt. An diesem Abend steht Fritz Grünbaum

> [...] auf der finster gehaltenen Bühne und monologisiert: „Ich sehe nichts, absolut gar nichts, da muß ich mich in die nationalsozialistische Kultur verirrt haben." Am nächsten Abend dürfen er und Farkas die Bühne in der Wollzeile nicht mehr betreten, wenige Stunden später marschieren deutsche Truppen in Österreich ein.⁴⁷

---

45 Neues Wiener Journal, 8. November 1933.
46 Neues Wiener Journal, 2. März 1938.
47 Hans Veigl: Entwürfe für ein Grünbaum-Monument. Fritz Grünbaum und das Wiener Kabarett. Graz, Wien 2001, S. 65.

Grünbaum und die Musik IV –
Wien lacht wieder, eine große Ausstattungsrevue nach französischem Muster

Georg Wacks

Als Revueautor war Fritz Grünbaum nicht minder emsig. Er konzipierte über 30 Revuen und verfasste die darin vorkommenden Conférencen und einen Großteil der Liedertexte. Als Co-Autoren – alleine brachte kaum wer eine Operette oder eine Revue auf die Bühne – wirkten u. a. Paul Morgan, Kurt Tucholsky (*Total Manoli*), Alexander Engel, Siegfried Tisch (*Sie, Johann!*) Wilhelm Sterk (*Mein Annerl*), Fritz Löhner-Beda (*Apollo? Nur Apollo!*) und Robert Bodanzky (*Mitislaw der Moderne*). Mit Karl Farkas gilt er außerdem als Erfinder des Subgenres Kammerrevue.

Die am besten dokumentierte Revue ist die 1926 in Hubert Marischkas „Wiener Stadttheater" aufgeführte große Ausstattungsrevue mit 30 Bildern *Wien lacht wieder*, von Karl Farkas und Fritz Grünbaum. Die Musik dazu stammt von Ralph Benatzky. Die musikalische Leitung hatte Franz Steininger. Die Dekorationen und Kostüme wurden nach Originalentwürfen des akademischen Malers Alfred Kunz in den Werkstätten des Theaters an der Wien und im Kostümatelier G. Zanel in Paris hergestellt. Die Ideen dazu stammten von Delattre, Gesmar und Zamorra – alle drei Künstler in Paris. Dazu dichtete Grünbaum am Beginn des Programmheftes zur Revue:

> Wie schreibt man eine Revue?
> Vor allem fährt man nach Paris.
> Dort fällt einem nichts ein.
> Dann fährt man wieder nach Wien heim.
> Hier fällt einem ein, dass einem schon in Paris nichts eingefallen ist.
> Aber es fällt einem noch ein, dass einem in Paris ein schöner Vorhang aufgefallen ist,
> ein delikates Farbenwunder von Toilettenkombination, ein Gedicht von Dekoration.
> Hierauf schreibt man an das betreffende Revuetheater nach Paris, ob es geneigt wäre,
> Farbenwunder und Gedicht zu verkaufen.
> Darauf erhält man eine Offerte, deren Preis einen auf acht Tage bettlägerig macht. Jetzt ist
> man so weit wie vor der Pariser Reise.

Dies ist schon ein Fortschritt, denn jetzt braucht man nicht mehr nach Paris zu fahren. Man weiß bereits, es fällt einem auch ohne Paris nichts ein[1].

Die Choreographie übernahm der Ballettmeister der Wiener Staatsoper Franz Bauer. Die Musiknummern der Revue sind im Wiener Bohèmeverlag erschienen. Diese Revue bestand im Wesentlichen aus großen sogenannten „Lebenden Bildern" mit vielen Personen auf der Bühne, hauptsächlich schönen, jungen und fast unbekleideten Mädchen, die zur Musik die Beine und Arme schwangen, ihre baren Brüste zeigten und dem Publikum zwischen ihren kunstvollen Verrenkungen zulächelten. Dazwischen sah man kurze einaktige Stücke, Sketches und Varieté-Nummern. So zeigten die fast nackten Bodenturner Rondje & Ninon ihre Kunststücke, die sich „Broadway Girl" oder „Die Favoritin" nannten. Tanznummern wie „Der Black Bottom" von Ray Henderson, Musikausgaben mit offiziellen Tanzbeschreibungen dazu gab es in allen Musikalienhandlungen, folgten kurze Sketches, die von Sigi Hofer und Fritz Puchstein gespielt wurden. *Einzug der Dichter*, *Stagnation* und *Kritik der reinen Unvernunft* waren einige davon. Der Tanzstar Eugenia Nikolaieva tanzte vor einem silbernen Vorhang, der laut Programmangabe aus 500.000 Silber Pailletten bestand. In dem Bild „Hoher Besuch" wirkten mit: „Der Prinz of Tales (Lisl Swoboda), Buttlebottle, ein Adjutant (Bobby Smith), Matrosen und Patroneß-Girls".

Augenweidlicher Höhepunkt waren die 16 Hippodrome-Girls. Sie tanzten zusammen mit der Tänzerin Eugenia Nikolaieva, die hier als Vogel verkleidet war im Bild „Im Lande der Palmen" und mit dem Tänzer und Choreographen Frank High im Bild „Die Bonbonnière". Im 16. Bild, „Liebe und Nikotin", verkörperten sie die österreichischen Zigarren. Weitere Figuren dieses außerordentlich schönen Bildes waren: „die Pfeifen, der Tschibuk, das Opium, die Khifpfeife, der Nargileh, der Aschenbecher, der blaue Rauch der Zigarette, das Kalumet, die Rauchwolke, Spanierinnen, Spanier, die Zündhölzer und die Flamme." Für „Liebe und Nikotin" schrieben Grünbaum und Farkas das Lied und den Tango *Ein bisschen Feuer*:

Flieg', flieg', süßer narkotischer Rauch,
so wie du entschwebt die Liebe auch!
Oft, oft hast du mich heimlich gelehrt,
was zur Lieb' gehört:
Ein bisschen Feuer, ein bisschen Rauch, ein blauer Dunst,
ein Blick, ein treuer, darin besteht die ganze Kunst!
Man muss bei Männern und Zigaretten die Sorten kennen,
sonst kann man manchmal dabei die Fingerchen sich verbrennen!
Ein bisschen Feuer in dem gewissen Augenblick
reizt ungeheuer und täuscht dann vor das große Glück,
doch soviel man auch nasche, nach dem Glücklichsein hasche,
ein bisschen Asche bleibt von der Herrlichkeit zurück.[2]

---

1 Fritz Grünbaum, Karl Farkas: Wien lacht wieder. Ausstattungsrevue mit 30 Bildern. 1926.

Inszenierte Lieder wie *Oxfordhosen*, gesungen von Gisa Bergmann und Lisi Swoboda, Sigi Hofer und Fritz Puchstein, oder *Auf der Pupperlhutschen*, Text und Musik von Ludwig Hirschfeld, bereiteten die großen Revuebilder vor und ermöglichten, vor dem großen Vorhang gespielt, den Aufbau dieser Bilder. *Madame Revue und ihr Gefolge, Das Genferbild: Madame Austria und der kleine Mann, Die Glockenblumen, Das wunderschöne Wien* und *Das Schönbrunner Bild* waren neben den schon genannten die optischen Hauptattraktionen der Ausstattungsrevue[3]. Zum *Schönbrunner Bild* verfasste das Autorenduo das Wiener Lied *In Schönbrunn*:

Hörst' Marie, was is' heut? Sonntag früh?
Was mach ma Nachmittag, geh Schatzerl sag'!
Weißt' Marie, ich wart' Dich am Glacis
um viere Nachmittag im blauen Frack!
Und vom Schorschi aus'm Achzehnerhaus
leich' ich mir den neuen Landauer aus,
mir fahr'n fort und weißt'd wohin, mein Spatz?
Für so ein Sonntagsglück gibt's nur an'n Platz:

In Schönbrunn, in Schönbrunn,
scheint um fünf herum noch allerweil die Sunn',
in Schönbrunn, in Schönbrunn,
hat der liebe Gott dann furchtbar viel zu tun!
Er gibt acht, er gibt acht,
dass ihm kein verliebtes Paarl a' Dummheit macht,
denn wenn die Sunn' amal schlafen geht,
gleich ist die Liebe dann aufgewacht,
ja in Schönbrunn, in Schönbrunn, bei der Nacht!

Lieber Schursch, du bist ein braver Bursch,
drum fah'r ich auch mit dir ins Waldrevier!
Hörst' Marie, mit dir a Landpartie
ist meine größte Freud zur Frühlingszeit.
Auf der Wiese unter der Gloriett'
macht Gott Amor für Verliebte ein Bett;
lächelnd neigt sein Haupt der Fliederbaum
und rauscht sein altes Lied im Blütentraum:

In Schönbrunn...[4]

---

2 Fritz Grünbaum, Karl Farkas (T), Ralph Benatzky (M): Ein bisschen Feuer. Lied und Tango aus der Revue Wien lacht wieder, Wiener Bohéme Verlag. Wien 1926.
3 Alle Zitate siehe: Fritz Grünbaum, Karl Farkas: Wien lacht wieder. Ausstattungsrevue mit 30 Bildern. 1926.
4 Fritz Grünbaum, Karl Farkas (T), Ralph Benatzky (M): In Schönbrunn. Wiener Lied aus der Revue Wien lacht wieder, Wiener Bohéme Verlag. Wien 1926.

Als Karl Farkas 1939, nach seiner Flucht vor den Nazimördern nach Frankreich, im französischen Internierungslager Meslay-du-Maine in der Bretagne als „feindlicher Ausländer" eingesperrt wurde, inszenierte er dort ein Kabarett mit dem Titel *Meslay lacht wieder*, eine Reminiszenz auf *Wien lacht wieder*.

„(Klein-)Kunst ist Waffe"*
Zur politischen Unterhaltungskultur in Österreich

Ulf Birbaumer

In einem seiner wenigen theoretischen Texte, *Das politische Theater* von 1932, schreibt Jura Soyfer: „Das Agitationstheater ist eine wirksame Waffe im Klassenkampf. Die Kleinbühne leiht uns ihre satirische Kraft, das Massentheater sein wuchtiges Pathos."[1] Wenn auch relativ spät, ist Piscator denn doch in Wien rezipiert worden. Dafür hatte Robert Ehrenzweig durch seine Berliner Kontakte vier Jahre davor gesorgt. Und einigen linken Intellektuellen war wohl auch Friedrich Wolfs Manifest *Kunst ist Waffe* schon vor seinem Februar-Stück *Floridsdorf*[2] bekannt. Daraus tönt es 1928 im Geist der Zeit polemisch: „Kunst ist nicht Dunst noch Bildungsgegaffe, Kunst ist Waffe! Zerbrecht eures Schweigens Wand! Fordert EUER Leben, EURE Spiele, schaffe sie dir selbst, Prolet! Kunst ist Waffe!"[3] Während Ehrenzweig und Soyfer ihre Vorstellungen von einer satirisch-politischen Revue im Gegensatz zum bürgerlichen Varieté konzipierten, arbeiten Grünbaum und Farkas im Kabarett „Simpl" an einer Art Synthese zwischen aktueller Gesellschaftssatire und amüsanter wienerischer Kleinrevue, die – im Gegensatz zu Berliner Beispielen – kaum politisierte. Und das, obwohl Grünbaum der Sozialdemokratischen Arbeiterpartei (SDAP) nahestand, ja 1927 einen Wahlaufruf für die Sozialdemokratie („Kundgebung des geistigen Wien") initiierte.[4] Immerhin war es derselbe Ehrenzweig, der der kleinen literarischen Revue zwar „weniger Girls", aber „mehr Geist" bescheinigte. Grünbaums Konzeption der kabarettartigen Revue schloß soziale oder gar politische Kritik mehr oder weniger aus. Der „Simpl" und ähnliche Kleinrevuen boten den linken jungen Kabarettisten wenigstens die Möglichkeit, dramaturgische Techni-

---
* Friedrich Wolf schreibt 1928 Kunst ist Waffe! Vgl. Ludwig Hoffmann und Daniel Hoffmann-Ostwald: Deutsches Arbeitertheater 1918 – 1933, 2 Bde., Berlin 1977, hier: Bd.1, S. 323f.
1 Jura Soyfer: Werkausgabe in vier Bänden, (hrg. von Horst Jarka), Wien 2002, hier: Bd. 3, Prosa, S. 296.
2 Friedrich Wolf: Floridsdorf. Ein Schauspiel von den Februarkämpfen der Wiener Arbeiter. Zürich 1935. Bekannt wurde Wolf vor allem durch ein anderes Zeitstück, Cyankali, entstanden 1929.
3 Wolf, Kunst ist Waffe! S. 323f.
4 Vgl. Jürgen Doll: Theater im Roten Wien. Wien, Köln, Weimar 1997, S. 97.

ken dieses Genres zu studieren, denn es gab keine Tradition des literarischen und noch weniger des kritischen politischen Kabaretts wie etwa in Berlin, wenn man an „Schall und Rauch", „Größenwahn", „Wilde Bühne" oder „Küka" (Künstlerkabarett) denkt, wo Tucholsky, Kästner, Mühsam oder (beim „Küka") Weinert arbeiteten. Ganz zu schweigen von Piscators Revue *Roter Rummel* von 1924. Sicher kannten die Wiener Kabarettisten einiges separat Publiziertes der genannten Autoren, aber sie hatten keine direkte Kenntnis eines politisch-satirischen Kabaretts. Weinert und Ernst Busch kamen vom Kabarett zum Agitationstheater, die deutschen Agitprop-Gruppen waren vom satirischen Nummern-Variété der russischen „Blauen Blusen" beeinflußt. „Kurz", so faßt es Jürgen Doll in seinem *Theater im Roten Wien* zusammen, „das deutsche Agitationstheater der Zwischenkriegszeit war zu einem erheblichen Teil politisiertes Variététheater, das sich an ein neues Publikum, die Arbeiterklasse, richtete."[5]

Da es in Wien nichts dergleichen gab, war die sozialdemokratische Veranstaltungsgruppe des „Politischen Kabaretts" auf sich selbst gestellt, sie mußte den Weg vom bürgerlichen Varieté zur „Roten Revue" selber finden und mit den konstituierenden dramaturgischen Elementen, also u. a. mit satirischem Sketch, mit Parodie, mit Chanson experimentieren, wobei die Tradition des Wiener Volkstheaters, wie man schon beim ganz jungen Jura Soyfer sehen kann, sich als hilfreich erwies. Auf Karl Kraus und seine *Letzten Tage der Menschheit* wollte man sich wohl seit seinen Ausfällen gegen die gesamte sozialistische Bildungsarbeit nicht mehr berufen. Bei Jura Soyfer, der als Mitglied der Vereinigung sozialistischer Mittelschüler (VSM) für die „Roten Spieler" ein paar Szenen geschrieben hatte und dessen erste Konzepte des Mittelstücks *Der Weltuntergang*[6] schon auf 1932 zurückgehen, lassen sich derlei Abneigungen, auch gegen die als bürgerlich empfundenen Künstler Karl Farkas und Hermann Leopoldi, als spöttisch-polemische Einschübe nachlesen. Zwei Modedamen, die erste:

„Aber am allerwitzigsten ist immer der Farkas. Er schreibt: ‚Zwar geht die Welt unter, Doch wirkt das Geld Wunder./ Drum füllt meine Bar-Kass'! / Hochachtend: Karl Farkas.'"[7] Straßensänger singen: *Gehen ma halt a bisserl unter...* „2. Strophe: Der Franz geht aus mit der Marie. / Beim Ringelspiel gleich vis-à-vis / Steht fröhlich der Herr Leopoldi. / Den Weltuntergang / Wünscht er sich schon lang. / Er ruft ganz erfreut: Grad das wollt'i! / Ich mache im Nu / An Schlager dazu! / Tantiemen krieg dann bezahlt i ..."[8] Im elften Bild unterhalten sich eine intellektuelle Dame und ein intellektueller Herr miteinander:

Sie: Und was sagt er zu diesen letzten Tagen?
Er: Du meinst, er?

---

5 Doll, Theater im Roten Wien, S. 99.
6 Soyfer, Der Weltuntergang. „Die Welt steht auf kein' Fall mehr lang..." (Zwischen Himmel und Erde), 1936. In: Soyfer, Werkausgabe, hier: Bd. 2, S. 57-96.
7 Soyfer, Werkausgabe, Bd. 2, S 85.
8 Soyfer, Werkausgabe, Bd. 2, S. 83.

Sie: Ja er, der Nörgler.
Er: Er schweigt.
Sie: Er schweigt? Das müssen wir uns anhören.
Er: Glaubst du, wir kriegen noch Karten zu seiner 800. Verschweigung?
Sie: Aber so viel du willst.[9]

Natürlich ist Karl Kraus gemeint, dem zu Hitler nichts mehr einzufallen schien.[10] Doch gehen wir noch einmal zehn Jahre zurück, als die Polit-Satire von Links noch nicht in die Klandestinität der literarischen Katakomben abgedrängt worden war.

Die Anfänge in den 1920er Jahren

Schon zu Beginn der zwanziger Jahre waren immer wieder auch Versuche erfolgreich, das traditionelle Wiener Volkstheater, die alte *commedia popolare* in neue Theaterschläuche zu gießen, bis es in den Dreißigern Jura Soyfer dann meisterhaft verstand, die Volkskomödie Hafners, Raimunds und Nestroys mit dem linken Agitprop in eine gelungene Synthese zu führen, was sich besonders am *Weltuntergang* (1936) und an *Astoria* (1937) ablesen läßt (vor allem an den Rahmenszenen der Planeten und Kometen bzw. den Vagabundenszenen).

Die Ideen der Berliner Volksbühnenbewegung waren bei den Wiener Sozialdemokraten auf fruchtbaren Boden gefallen. Während David Bach als Leiter der Kunststelle versuchte, die Arbeiterclientèle an das bürgerliche Theater heranzuführen, um so das Kulturleben zu entpolitisieren, die „Kunst von der Politik zu befreien", wollte der Dichter und Theoretiker Josef Luitpold Stern eine austromarxistische Gegenkultur schaffen, die er in der Zeitschrift der sozialistischen Bildungszentrale *Bildungsarbeit* ausrief – mit dem Ziel, den „neuen Menschen" zu schaffen.[11] Für Stern, der Bachs Vorstellungen vehement bekämpfte, ging es bei der sozialistischen Kulturarbeit nicht darum, die Arbeiterklasse an ein universelles Kulturerbe heranzuführen, das für ihn immer ein bürgerliches Erbe darstellt, sondern eine „sozialdemokratische Gegenkultur als Keimzelle einer proletarischen Klassenkultur"[12] zu propagieren. In seiner Schrift *Auf dem Weg zur Kultur* schreibt er 1926: „Es war schwer, die verdammte Bedürfnislosigkeit der Massen zu überwinden? Es wird schwerer sein, das erwachende Kulturbedürfnis der Massen vor der Verdammnis seiner Verbürgerlichung zu bewahren."[13] Stern vertritt somit einen sehr breiten Kulturbegriff und ist ähnlich Antonio Gramsci (in den *Gefängnisbriefen*) der Meinung, daß es Aufgabe der Intellektuellen sei,

---

9 Soyfer, Werkausgabe, Bd. 2, S. 85.
10 Soyfer wagt aber im Weltuntergang die fast schon prophetische Szene Führer-Guck-Photograph, die es nicht an verzweifelter Deutlichkeit fehlen läßt. (Viertes Bild: Eine Audienz). Soyfer, Werkausgabe, Bd. 2, S. 68 ff.
11 Siehe Doll, Theater im Roten Wien, S. 30 ff.
12 Doll, Theater im Roten Wien, S. 32.
13 Zitiert nach Doll, Theater im Roten Wien, S. 32.

die Arbeiter an ihre verschüttete Kultur zu erinnern und ihnen dabei zur Seite zu stehen, diese wiederzuentdecken. In dieser Auseinandersetzung bricht somit das ganze Dilemma linker Kulturpolitik auf, das sich weit hineinzieht in die kulturpolitische Diskussion der Nachkriegszeit bis in die achtziger Jahre des 20. Jahrhunderts.

Die Wiener Entwicklung weicht politisch von der deutschen ab, weil in Österreich die KP eine wesentlich geringere Rolle spielte, und das wohl zuletzt deshalb, weil Teile der österreichischen Sozialisten viel weiter links standen als ihre deutschen Genossen. Parteiintern spiegelte sich das in dem erwähnten Streit zwischen Bach und Stern.

Nach bescheidenen polittheatralen Anfängen innerhalb der sozialistischen Festkultur, getragen von den Sozialistischen Mittelschülern und der Arbeiterjugend, konstituierte sich 1919 die Freie Vereinigung sozialistischer Mittelschüler (VSM) als Kern der sogenannten Veranstaltungsgruppe. Sie stand weit links und arbeitete fallweise mit der KPÖ zusammen.

In den von VSM und sozialistischer Arbeiterjugend organisierten roten Ferienkolonien u. a. in Lind bei Villach und in Ferlach halfen prominente linke Intellektuelle mit, Laienspiele zu kreieren, die langsam zu einer Art sozialistischem Wandertheater wurden, eine Vorform der bekannten „Roten Spieler", für die später auch der junge Jura Soyfer ein paar Szenen schrieb. Zu den bekanntesten Mitorganisatoren und Autoren zählten Marie Jahoda, Paul Lazarsfeld, Robert Ehrenzweig (der sich dann im Londoner Exil Robert Lucas nannte), Ludwig Wagner und Hans Zeisel. Es wurden vor allem historisch-politische Revuen realisiert, die u. a. die Revolution von 1848 oder die Bauernbefreiung aktualisierend zum Thema machten. Das war 1924, als der dezimierte VSM (viele waren zur KP übergelaufen) der Wiener Sozialistischen Arbeiterjugend angegliedert wurde. Dazu Friedrich Scheu in *Humor als Waffe*: „Im Laufe der Zeit bildete sich der teils politische, teils satirische und lebensreformerische Charakter der Feiern ... heraus."[14] Letzteres mit durchaus deutsch-jugendbewegten Nuancen.

Das „Ur-Kabarett" von 1926

Als Beginn des Wiener Politischen Kabaretts wird das sogenannte „Ur-Kabarett" von 1926 angesehen, das ein Teil der Truppe, der sich dem satirischen Theater verschrieben hatte, am 4. Juli im Czartoriskyschlössl, dem Verbandsheim der linksgerichteten „Achtzehner", aufführte. Richtete man sich in der Fest- und Feierkultur ausschließlich gegen den politischen Gegner, so nahmen die Kabarettisten der ersten Stunde auch die Gebrechen der eigenen Partei satirisch aufs Korn, mitunter auch die anwesenden Parteigrößen Otto Bauer oder Karl Seitz, die sich nicht unbedingt „amused" zeigten, aber auch keine Spielverderber sein

---

14 Friedrich Scheu: Humor als Waffe. Politisches Kabarett in der Ersten Republik. Wien, München, Zürich 1977, S. 19f.

wollten. So wurde etwa Otto Bauers Programm zur Erringung der zur Mehrheit fehlenden 300.000 Stimmen satirisch kommentiert.[15] Der Darsteller von Bürgermeister Seitz ließ sich wie folgt vernehmen:

> Und wenn wir die Mehrheit glücklich erreichten,
> So laß' ma das Rathaus festlich beleuchten.
> Und wenn sich alle recht wienerisch fühlen,
> So wer'n wir den Donauwalzer spielen.[16]

Hans Zeisel hatte, so vermittelt uns Friedrich Scheu, schon eine etwas respektlosere Variante bereit:

> Und wenn wir das Ziel erreichten,
> Was mach'mer dann, ja was mach'mer dann?
> Dann laß'ma das Rathaus beleuchten
> Und fangen von vorn wieder an.[17]

Jürgen Doll hat im Ehrenzweig-Nachlaß eine Szene gefunden, die sich satirisch gegen die sozialdemokratische Theaterkultur, sprich Kulturpolitik, richtet:

> Witzig wurden in diesem ersten Spiel übertriebenes Pathos, ‚der Jargon in Schillers Jamben', überzogene Rhetorik (des Parteiführers, U.B.), Wanderbundgeist, ‚ästhetischer Feinsinn' und ‚romantische Tiefen, die keinen Hund mehr hinterm Herd hervorlocken', dem Gelächter preisgegeben, um programmatisch zu schließen: 'Wir woll'n kein Gemälde, wir woll'n ein Plakat'.[18]

In der Schlußszene wird pantomimisch die Kunststelle verspottet:

> *Der Konferencier* (tritt vor den Vorhang)
> Genossen, wenn auch über die Kunststelle nicht gesprochen werden darf, so wollen wir wenigstens über sie tanzen. (Der Vorhang geht auf).
> *Tanz der Kunststelle*
> *Die Kunst* auf einem Postament. Sucht den Arbeiter anzulocken.
> *Der Arbeiter* unbeweglich.
> *Die Kunststelle* taucht hinter dem Postament auf, preist die Kunst an, verdrängt sie, stellt sich an ihren Platz. Sucht den Arbeiter zu gewinnen – vergeblich.
> *Ein Einfall* Führt ihr
> *Die Operette* zu. Wilder Tanz derselben, die Kunststelle hält es nicht mehr aus, springt vom Postament und tanzt mit ihr.
> *Vier Girls* schließen ab.[19]

---

15 Diesem Thema wird übrigens auch Soyfer in seinem Romanfragment So starb eine Partei (begonnen 1934) noch viel Aufmerksamkeit widmen. Vgl. Soyfer, Werkausgabe, Bd. 3, S. 121-278.
16 Zitiert nach Scheu, Humor als Waffe, S. 23.
17 Zitiert nach Scheu, Humor als Waffe, S. 24.
18 Doll, Theater im Roten Wien, S. 91.
19 Ehrenzweig-Nachlaß, zitiert nach Doll, Theater im Roten Wien, S. 91.

Man sieht, auch hier gehörten die aus der Music-Hall und dem Varieté beliebten Girls zum festen Bestandteil der Kabarett-Dramaturgie. Auch die angespochene Volkstheater-Nähe wird bereits deutlich. Wie schon im 18. Jahrhundert und auch nach der Revolution von 1848 bediente man sich der Allegorie, des Tanzes und der Pantomime. Die Zensur, auf die Ebene der Parteizensur verschoben (wieviel konnte sich die demokratische linke Bewegung leisten?), wird pantomimisch umgangen (wenn auch eingangs angesprochen), und zwar auf ganz ähnliche Weise, wie wir es aus dem französischen Théâtre de la Foire zu Beginn des 18. Jahrhunderts kennen, oder aus der Bernardoniade zur mariatheresianischen Zeit, oder aus der Posse zur Zeit der Reaktion nach 1848.

Die Kabarettisten übernehmen hier eigentlich zum Teil die Kritik des Karl Kraus an Bach, er würde die Arbeiter in bourgeoise Operetten und Boulevardtheateraufführungen schicken. Die Sozialdemokraten hätten nun, so legte Kraus in der „Nachträglichen Republikfeier" im Jänner 1926 noch ein Schäuferl nach, eine Kunststelle anstelle der Kunst.[20]

Wie schon gesagt, die Parteiführer tolerierten, wenn auch ohne besondere Begeisterung, das Programm. Schließlich gab es auch genug Spott für den politischen Gegner. Sie legten den Kabarettisten allerdings nahe, die Spitzen künftig weniger gegen die Partei als verstärkt auf den politischen Gegner zu richten, was sich die Kabarettisten in den folgenden Programmen des „Politischen Kabaretts", das mit dieser Urform geboren war, auch zu Herzen nahmen.

Es waren dies Viktor Grünbaum (der spätere Architekt Viktor Gruen), Robert Ehrenzweig und der „jugendbewegte"[21] Ludwig Wagner. 1927 kam Karl Bittmann und 1929 Jura Soyfer dazu.

Von *Wien wie es weint und lacht* zu *MM1 oder der Triumph der Technik* (1933)

Das erste Programm des „Politischen Kabaretts" hatte am 18. Dezember 1926 unter dem Titel *Wien wie es weint und lacht* in der Riemergasse 11 in der Wiener Innenstadt bescheidene Premiere. Der Titel war wohl in Anspielung auf die Grünbaum (nunmehr wieder Fritz!)-Farkas-Revue *Wien lacht wieder*, die ab Oktober im Stadttheater lief, gewählt worden. Erst am Dreikönigstag 1927 schreibt die *Arbeiter-Zeitung* darüber. Jacques Hannak meint, daß die roten Kabarettisten alle die Götter der bürgerlichen Welt mit der befreienden Kraft der Satire entgöttert hätten:

Alle die schwankenden Gestalten unseres Österreich, die Seipel, Ahrer, Kollmann, Vaugoin, die Hausherrn und die Heurigen, die Klassenrichter und die Kreuzelpresse, aber auch die Phänomene des Auslandes, die Mussolini-Großmäuler und die Horthy-Banditen,

---

20 Die Kunstvermittlungsproblematik wird auch noch in den 1990er Jahren so manches kulturpolitische „Weißbuch" beschäftigen.
21 Ludwig Wagner war aktives Mitglied der Jugendbewegung der Linken.

sie zogen in buntesten Gestalten, in Musik und Versen, in Szenenbildern und Regieeinfällen von oft verblüffenden Einfallsreichtum drei Stunden lang an uns vorüber, und wir wurden nicht müde, zu schauen, zu lachen, zu lernen... Es war ein großer Anschauungsunterricht der Propaganda für unsere Ideen, es war aber auch eine große Verheißung, daß, wo so viel ursprünglicher Humor ... und vor allem so viel Glück der Gemeinschaft ... vorhanden ist, auch tüchtige und frohe Kämpfer für unsere Gesamtbewegung heranreifen.[22]

Es fällt auf, daß Hannak den Humor betont, der in anderen Kulturprogrammen der Sozialisten wie der Kommunisten, etwa in den Arbeitersprechchören Ernst Fischers oder den sozialistischen Oratorien und Kantaten, oft gefehlt haben dürfte. Zu sehr schienen sie formal an katholischen Vorbildern orientiert.

Das erste Programm beschäftigt sich vor allem mit einer Reihe von Bank- und Finanzskandalen, in die die christlich-soziale Regierung samt und sonders verwickelt war.

Dramaturgisch wäre zu sagen, daß in den ersten Programmen der Revuecharakter noch stärker betont wurde: die politischen Lieder, immer noch im Vertrauen darauf konzipiert, daß der Wähler dem Spuk beim nächsten Urnengang wieder ein Ende setzen würde, wurden auf sehr bekannte Melodien hin geschrieben, die zum Mitsingen geradezu einluden. So stürzten sich die Kabarettisten z. B. auf den Spekulanten Sigmund Bosel, der sich in Erwartung einer Baisse der französischen Währung verspekuliert hatte und seine Schulden gegenüber der Postsparkasse nicht mehr zurückzahlen konnte. Nationalbankdirektor Reisch stopfte das Loch auf obskure Weise. Das Bosel-Lied unter dem Titel *Der Tod von Bosel* wurde zu der Melodie des Volksliedes *Der Tod von Basel* gesungen:

Als er ein Junggeselle war, da ging es ihm noch gut;
Denn damals fiel die Krone, Kri, Kra, Krone;
Und er, er hatte Pfund; und er, er hatte Pfund.

Dann spekulierte er in Franc, doch leider ging es schief;
Der Franken wollt nicht fallen, fi, fa, fallen;
Er stand genügend tief, er stand genügend tief.

Da ging er in die Postsparkass' und borgt sich etwas aus;
Nach einer Viertelstunde, Sti, Sta, Stunde
Kam er schon wieder raus, kam er schon wieder raus.

Doch leider ging's auch diesmal schief: die Sache, die kam auf;
Es kamen bald die Sozis, Si, Sa, Sozis,
Die bösen Sozis drauf, die bösen Sozis drauf.

Da legt er Amt und Würden hin, es tat ihm zwar sehr lad;

---

22 Jacques Hannak, zitiert nach Scheu, Humor als Waffe, S. 36.

Das war der Tod von Bosel, Bi, Ba, Bosel;
Jetzt lebt er nur privat, jetzt lebt er nur privat.[23]

Bosel hatte übrigens vorher sein Vermögen ins Ausland verschoben. Das schöne Volkslied *Üb immer Treu und Redlichkeit* wiederum wurde zu einem *Üb immer Bank und Börsenspiel* umgesungen.

Das nächste Bankenlied kam steirisch daher und folgte einem bekannten Liedlein vom Fensterln, in dem der Bursch auf seiner Flucht vor dem Altbauern gleich den ganzen Fensterstock ausreißt: *Jüngst hat mir mei Dirndl a Briafal zuagschriabn*.

Jüngst hat mir mei Bankhaus a Briafal zuagschriabn,
Zwegn was i denn gar nimmer einzahln kimm,
Und das wär schlimm, weil mei Konto net stimmt.
Diholodaholodaro.

Den Briaf han i glesn, aft han i ma denkt,
Da gehst halt zum Reisch, daß er da a bissl was schenkt,
Soviel, das grad glenkt, ka Politiker henkt,
Diholodaholodaro.

Aft geh i zum Reisch und verzöhl ihm mei Soß,
Der zwinkert und führt mi glei zu die Depos,
Nur's Mäul halt fein blos, sonst is weida was los,
Diholodaholodaro.

Und wia i ins Bankhaus bin einigschloffa,
Da is ma's, oh Gott, glei zsammenbrocha,
Und die Sozis warn da, hört's war des a Gschra,
Diholodaholodaro.

Du Danneberg Robert, du sakrischer Hund,
Wia moch i denn jetzt meine Sparkassen gsund,
Im Land und Bund mit Dollar oder Pfund?
Diholodaholodaro.[24]

Und immer wieder ging es gegen den Kanzlerprälaten Seipel, was natürlich die Behörde auf den Plan rief. Scheu übermittelt einen Text von Robert Plank, der sich aber nicht mehr genau erinnern kann, in welches Programm das Lied gehört. Es folgt dem Lied *Guter Mond, du gehst so stille...* (In Berlin hatte schon Tucholsky ein Lied gegen Ludendorff mit der gleichen Melodie unterlegt). In Wien ging das so:

---

23 Zitiert nach Scheu, Humor als Waffe, S. 40.
24 Zitiert nach Scheu, Humor als Waffe, S. 42f.

Guter Seipel, wie bist du so milde
Und so maßvoll beim Regier'n.
Führst die Milde still im Schilde
Und die Sanftmut auf der Stirn.
Deine Weisheit, deine Güte,
Gott erhalte, Gott behüte![25]

Von 1926 bis 1933 wurden insgesamt 13 Programme realisiert. Ich nenne die Titel, weil sie deutlich machen, wohin die Spitze der Satire gerichtet ist. Auch reines „Wahltheater" befindet sich darunter. Auf *Wien wie es lacht und weint* folgte 1927 *Im christlichsozialen Himmel*, dann *Der Ruck nach rechts* und *Schwarz-Weiß-Revue* (unter anderem rund um die Vorfälle im burgenländischen Schattendorf[26]). 1928 folgten *Das politische Wetterhäuschen* und *Zehn Jahre bürgerliche Republik*. 1929 und 1930, also schon unter Mitwirkung Soyfers, gab es *Hallo, hier Klassenharmonie!* und das durch die Arbeiten Ehrenzweigs, der schon richtige Mittelstücke schrieb. Besonders das qualitätvolle, ja prophetische Programm *Hirnschal macht Weltgeschichte*, die Geschichte des wildgewordenen Wiener Kleinbürgers Hirnschal, eine Art „Mundl"[27] der Zwischenkriegszeit, der aber, Gott seis geklagt, die Welt erobert. Im Herbst folgte *Österreich, wo gehst hin?*, dann, in den letzten drei Jahren bis zum „Verfassungsbruch" (Soyfer im Romanfragment), der Auflösung des Parlaments, noch: *Denken verboten!*, *Warum, darum!*, *Wie wählt Wien?* und als letztes: *MM1 oder der Triumph der Technik*. MM1 ist der Maschinenmensch des Professors Elektron, der Idealarbeiter nach dem Herzen des Kapitalisten. Man zog sich scheinbar auf die Technologiekritik zurück, thematisierte aber sehr wohl die Gemeinderats- und Landtagswahlen vom April 1932, die die sozialdemokratischen Mehrheiten zwar nicht angetastet hatten (auch nicht die sozialdemokratische Opposition im Parlament), aber durch den starken Zuwachs an NS-Stimmen dennoch alles verändert hatten und letztlich zu den sogenannten Notverordnungen führten, die Soyfer später im *Weltuntergang*, im Prolog im Kosmos, thematisiert.

Sonne: Ich habe an allerhöchster Stelle eine Notverordnung erwirkt. Die physikalischen Gesetze sind provisorisch aufgehoben.
Saturn: Aber die astronomischen Theorien...?
Sonne: Werden eben geändert werden! Zuerst kommen immer die Notverordnungen, dann finden sich schon die Theorien dazu.[28]

---

25 Zitiert nach Scheu, Humor als Waffe, S. 102.
26 „Am 30. Jänner 1927 kommt es in Schattendorf zu einem Zusammenstoß zwischen sozialdemokratischen Schutzbündlern und organisierten ehemaligen Frontkämpfern; zwei Personen werden erschossen. Am 14. Juli werden die des Mordes angeklagten Frontkämpfer freigesprochen." Horst Jarka: Jura Soyfer. Leben, Werk, Zeit. Wien 1987, S. 29.
27 Hauptfigur in Ernst Hinterbergers Fernseh-Serie Ein echter Wiener geht nicht unter, mit Karl Merkatz als krakeelendem Haushaltsvorstand Mundl = Edmund.
28 Soyfer, Werkausgabe, Bd. 2, S. 63.

Ernst Fischer hatte u. a. in der linken Illustrierten *Kuckuck*, in der auch Soyfer schrieb, z. B. seine „Bild- und Wortsatiren", die Lieder der roten Kabarettisten sehr gelobt, vor allem die Hexenküchenszene aus dem Programm *Österreich, wo gehst hin?*[29], in der die alte Jungfer Christel Sozial mit dem schönen Rüdiger (Starhemberg) verkuppelt wird; diese bezeichnete Fischer als Meisterstück politischer Satire und grotesken Humors. Das Strafella-Lied und das Starhemberg-Lied gehören hierher. Strafella, Direktor der Grazer Verkehrsbetriebe und als Schinder bekannter Heimwehrler, sollte Bundesbahndirektor werden. Man sang nach der Melodie des 1920er Jahre-Schlagers *Wenn die Elisabeth nicht so schöne Beine hätt'*:

> Wenn der Strafella net
> uns die Bundesbahnen rett',
> beendet den Skandal
> mit dem roten Personal,
> dann verliert der Hahnenschwanz
> auf der Bahn die Federn ganz
> und die Sieger san
> die Marxisten auf der Bahn.
> Ihn muß man anerkennen,
> ernennen, ernennen.
> Denn er hat die starke Hand
> für unser Vaterland.[30]

Und über Starhemberg nach *Prinz Eugen*:

> Starhemberg, der edle Ritter
> Wollt' dem Kaiser wiedrum kriegen
> Österreich und die Stadt Wien.
> Los auf Wien tät er marschieren,
> Wollt' die Roten massakrieren,
> Bis sie liegen auf den Knie'n,
> Starhemberg, du edler Ritter,
> Im November wird es bitter ...[31]

Aber Doll hat schon Recht, und damit komme ich zum Schluß nochmals auf den Dichter Jura Soyfer zu sprechen, dessen Gedicht *Zitt're feige Mitwelt* im Programm *Hirnschal macht Weltgeschichte* zum Vortrag kam. Doll betont, daß Soyfers Text viel direkter, aggressiver und literarisch qualitätsvoller ist als alle anderen Heimwehrlieder dieser Revue.[32] Daher abschließend sein Text:

---

29 Der Titel ist als Wortspiel zu verstehen mit dem Eigennamen Vaugoin (Heeresminister und 1930 kurze Zeit Kanzler der Regierungsperiode mit Starhemberg).
30 Zitiert nach Doll, Theater im Roten Wien, S. 129.
31 Zitiert nach Doll, Theater im Roten Wien, S. 129f.
32 Vgl. Doll, Theater im Roten Wien, S. 130.

Heimwehrlied

Zitt're feige Mitwelt,
Wenn der Heimwehr Schritt gellt!
Wer nicht mit unds mithält,
Christian oder Mäuschel,
Tritt ihm ein das Beuschel!
Kriegt halt jeder seine Keil.
Heil!

Ham mr net den Primer
Und die Ochsenziemer?
Na, mia weichen nimmer.
Wia der Steidle g'sagt hat,
Wia eam kaner g'fragt hat:
Unser Parlament is faul:
Heil!

Grünweiß weht stolz die Fahne!
Mit Gott für die Montane!
Grütze ham mr kane!
Doch dafür a Mäul.
Heil!   (Sommer 1929)[33]

P.S.: Ähnlichkeiten mit politischen und gesellschaftlichen Zuständen späterer Zeiten sowie ihren Handlungsträgern in Regierungen, Konzernen, Banken, Exekutive, Vereinen etc. sind natürlich rein zufällig und unbeabsichtigt. Sie liefern daher immer wieder Stoff für geschriebene und ungeschriebene politische Kabarettprogramme.

---

33 Soyfer, Werkausgabe, Bd. 1, S. 21.

„Aus dem Geiste der Operette?"
Der Unterhaltungstonfilm als Politikum in den 1930er und 1940er Jahren

Günter Krenn

Mensch ohne Namen

Im Mai 1932 denkt der Kabarettist Fritz Grünbaum in einem Interview mit der österreichischen Zeitschrift *Mein Film* über die Profession des Filmschauspielers nach. Gerade hat er in Berlin den Film MENSCH OHNE NAMEN abgedreht, seinen, wie sich heraus stellen wird, letzten Langfilm; nur in dem Kurzfilm ROSMARIN IM GLÜCK wird er noch auf der Leinwand zu sehen sein. Seine Filmkarriere als Darsteller dauert nur knapp zwei Jahre. Anfang der 1930er Jahre, zu Beginn der Tonfilmzeit in Europa, nimmt Grünbaum sein erstes Filmangebot an, die Gründe dafür sind neben prinzipiellem Interesse an der Sache auch wirtschaftliche Überlegungen. In Zeiten wirtschaftlicher Depression und Rezension klingen seine budgetären Überlegungen weniger nach professionellem Perfektionismus, als nach echter Sorge über die ökonomischer Leistbarkeit großer Filmproduktionen:

> Die Arbeit am Tonfilm interessiert mich aber nicht etwa nur als Ersatz für das Kabarett, sondern an sich. Mit der Zeit werde ich hoffentlich auch das Lampenfieber vor der Kamera loswerden, das mich quält, weil ich beständig unter der Vorstellung leide, daß jede Minute Atelierarbeit die Produktionsfirma ein paar Hundert Mark kostet und daß ein Sprechfehler oder ein momentanes Versagen des Gedächtnisses durch das eine Wiederholung der Szene notwendig wird, einen großen Schaden bedeuten.[1]

Die Probleme, mit denen er sich in Kürze konfrontiert sehen wird, sind freilich rein politischer Natur. 1932 kann das Publikum Grünbaum in fünf Filmen in den Kinos sehen, vier davon sind nach dem obligaten Lustspielmuster konzipiert: ES WIRD SCHON WIEDER BESSER (Regie: Kurt Gerron), EINMAL MÖCHTE ICH KEINE SORGEN HABEN (Regie: Max Nossek), EIN LIED, EIN KUSS, EIN MÄDEL (Regie: Géza von Bolváry), MÄDCHEN ZUM HEIRATEN (Regie: Wilhelm Thiele). Vier Tonfilme, die dem Publikum damals wie heute „gute Unterhaltung" bescheren, die zur Zeit ihrer Entstehung für zahlreiche daran Beteiligte jedoch keineswegs garantiert war.

---
1 Mein Film, (1932), Nr. 335, S. 4.

Der letzte Film, MENSCH OHNE NAMEN, unter der Regie von Gustav Ucicky entstanden, entwickelt sich zum Politikum. Werner Krauß verkörpert darin einen deutschen Autoindustriellen, der im Ersten Weltkrieg in russische Kriegsgefangenschaft gerät. Da es keine Nachrichten über seinen Verbleib gibt, wird er 1921 offiziell für tot erklärt. Tatsächlich leidet er nach schweren Verwundungen an Amnesie und kehrt erst als er 1932 sein Gedächtnis wieder erlangt, nach Deutschland zurück. Operationen haben sein Aussehen verändert, niemand erkennt ihn wieder, nicht einmal seine Frau, die mittlerweile seinen besten Freund geheiratet hat, der nun das gewinnträchtige Unternehmen leitet. In dieser Situation wendet sich der juristisch nicht mehr Existente an den von Grünbaum dargestellten jüdischen Anwalt Gablinsky, um wieder zu seinem Recht zu gelangen.

An der Konzeption von Grünbaums Rolle entzündet sich bald die Kritik:

> Man macht zwar den Versuch, den Heimkehrer als eine Mischung von Kind und Genie hinzustellen, aber niemals würde – und wir wollen doch lebensnah bleiben! – ein Mann von der geistigen Höhe eines Industriellen sich auf einen so trüben Winkeladvokaten wie diesen Film-Gablinsky stützen, um seine Rechte anerkannt zu sehen.[2]

Andere Pressestimmen gehen in ihrer Kritik noch weiter, in Zusammenhang mit Grünbaums Anlage der Rolle verwendet man Begriffe wie „würdelos" und „antisemitisch". In einem Leserbrief nimmt der Schauspieler dazu Stellung:

> Ich bin gegenüber Urteilen über meine künstlerische Betätigung absolut nicht eitel und unterwerfe mich widerspruchslos jeder Kritik; aber ich bin im höchsten Maße verletzlich in Fragen des Judentums. [...] Es ist klar, dass ich einen Winkeladvokaten nicht als einen eleganten und vornehmen Herrn zeichnen konnte. Er ist in seiner physischen Erscheinung eine jener Figuren, wie sie die entlegenen Vorstädte aller Metropolen bevölkern.[3]

Unvorbereitet treffen ihn die Argumente nicht. Grünbaum hat vor Drehbeginn Bedenken gegen die Konzeption seiner Rolle in MENSCH OHNE NAMEN. Er schreibt einige Szenen im Drehbuch um, versucht der Figur einen menschlichen Hintergrund zu geben, indem deren Tätigkeit nicht von Habgier, sondern von einem fast manischen Rechtsbewusstsein diktiert wird. Grünbaum hält fest, dass man zwei Fassungen des Films drehte, Gustav Ucicky verwendet in der Verleihkopie jedoch keine der von Grünbaum revidierten Szenen. Da sie nicht erhalten geblieben sind, kann man nicht nachvollziehen, wie Grünbaum selbst seine Figur gestaltet hätte. Fest steht: Verglichen mit seinen anderen Filmen wirkt der jüdische Kabarettist unter Ucickys Regie auf ein Stereotyp reduziert, das natürlich in dieser Konstellation konkrete Assoziationen provoziert. Grünbaum setzt wenig von seiner üblichen Gestik ein und wenn er es tut, wirkt es plakativ und hat weniger von der „homogenen Neurotik" früherer Charaktere. Insgesamt

---

2 Die Filmwoche, 13. Juli 1932, Nr. 28, S. 904.
3 Die neue Welt, 19.8.1932, Nr. 257, S 8.

wirkt Grünbaum in seinem Spiel limitierter als bei anderen Regisseuren. Ucicky war zweifellos kein Spielleiter, dem der Umgang mit Komik leicht fiel. Ihm lagen pathetische Stoffe, bei denen Humor bestenfalls in Form von Spott Platz hatte. Das Vordrängen Gablinskys beim Kuchenessen in MENSCH OHNE NAMEN und das darauf folgende strafweise Hintangereiht-werden ist ein Beispiel dafür. Ironische Brechungen eines Charakters, wie Grünbaum sie sonst gerne einsetzt, erlaubt ein solches Regiekonzept nicht. Etwas, das ihm jede oberflächliche Operettenhandlung ermöglicht hätte, wird ihm von Ucicky versagt, weshalb Grünbaums Figur in der Eindimensionalität verharrt. Das Stereotyp gefriert dadurch zur jüdischen Silhouette und die kennt das entsprechend präparierte Publikum vom politischen Sehtest des rechten Auges her. Es ist keine antisemitische Darstellung, aber der Schauspieler Grünbaum muss sich auf ein grobes Schnittmuster reduzieren lassen. Seine darstellerischen Fähigkeiten, mit denen er sonst selbst eine Nebenrolle mit einer in Sekunden erschlossenen Biografie zu erfüllen imstande gewesen war, wird auf ein eindimensionales Muster beschränkt, das gelesen werden konnte, wie immer die Filmgewaltigen wollten. Was sie gelesen haben wollten, ist historisch verbürgt. Grünbaum selbst war sich über Ucickys Motive im Unklaren:

> Ob er dabei aus eigenem Antrieb oder wirklich unter dem Druck von Zensurschwierigkeiten handelte, entzieht sich meiner Beurteilung, aber jedenfalls ist nun die Figur in ihrer krassen Unmenschlichkeit, wie sie das Original vorschrieb, herausgekommen [...] Ob der ungerechte Angriff auf mir sitzen bleibt, oder mir Genugtuung gegeben wird, ist gleichgültig für meinen Entschluß, auch weiterhin den Namen des Judentums blank zu erhalten und gegen lausbübische Schmähungen der Antisemiten zu verteidigen.[4]

Im Filmgeschäft erhält er dafür keine Gelegenheit mehr. Hitlers Machtergreifung versperrt Grünbaum 1933 nach nur zwei Jahren eine weitere Karriere beim deutschen Tonfilm, er zieht sich auf die Bühne zurück, auf der ihm noch vier Jahre bleiben. Seine letzte Filmrolle übernimmt er im Herbst 1932. ROSMARIN IM GLÜCK (Regie: Richard Löwenbein) hat in Wien am 28. Februar 1933 Premiere. Es ist ein historisches Datum: Die Nazis erlassen an diesem Tag die Notverordnung zum „Schutz von Volk und Staat" und gegen „Verrat am deutschen Volke und hochverräterische Umtriebe".

Episode(n)

> Wenn ich mich recht erinnere, tauchte in meinem Berliner Freundeskreis nur ein einziger Nazi auf: Gustav Ucicky [...] Eines Tages kreuzte Ucicky mit Naziparteiabzeichen bei meinem Freund Walter Reisch in der Wohnung auf. Ich hatte Reisch, der für Ucickys FLÖTENKONZERT das Drehbuch schrieb, zur Rede gestellt, und er hat mir etwas davon erzählt, daß Freundschaft mehr sei als Politik. Ich habe bis heute vor allem deshalb eine

---

4 Die neue Welt, 19.8.1932, Nr. 257, S 8.

Wut auf Ucicky, der später viel schlimmere Filme als „FLÖTENKONZERT" gedreht hat (FLÜCHTLINGE, MUTTERLIEBE und HEIMKEHR), weil er Walter Reisch und mich für kurze Zeit auseinandergebracht hat – wir haben uns wegen eines Nazis entzweit.[5]

Mit diesen Worten fasst Billy Wilder seine Erinnerungen an Gustav Ucicky zusammen. Zwei Jahre vor MENSCH OHNE NAMEN inszeniert Ucicky 1930 den Film DAS FLÖTENKONZERT VON SANS-SOUCI. Das Drehbuch schreibt der aus Wien stammende Walter Reisch, dem als Autor und Regisseur eine große Zukunft im Tonfilm bevorzustehen scheint. Ein paar Jahre später kommt Reisch, wie Fritz Grünbaum ein Meister im Umgang mit Sprache, plötzlich ein Buchstabe derselben in die Quere. Es ist ein großes „J", das, in einen Reisepass gestempelt, Karriere und Leben massiv bedroht.

Aber auch bereits bevor das passiert, werfen die politischen Ereignisse ihre Schatten voraus. Blättert man heute in den Filmmagazinen der frühen 1930er Jahre und parallel dazu in einem Geschichtsbuch, erzeugt die dabei entstehende Diskrepanz mitunter Gänsehaut. Während man leichte Komödien und Operettenfilme erzeugt, generieren die prekäre wirtschaftliche Lage und der knapp vor der staatlichen Legalisierung stehende Faschismus das Szenario für das kommende Inferno. In den meisten Zeitschriften ist davon nichts zu spüren, nur bei manchen Themen ist es unvermeidlich, sich zumindest Teilaspekten der politischen Realität zu stellen. Die Zeitschrift *Mein Film* fragt zum Jahresende 1932 zahlreiche Filmschaffende nach den ominösen drei Wünschen. Während sich die meisten Schauspieler und Schauspielerinnen privates oder materielles Glück bzw. interessante Rollen erbitten, nehmen ein paar, darunter Betty Bird, Lucie Englisch und Lee Parry, auf die wirtschaftlich schwierigen Zeiten Bezug. Paul Morgan schließt sich an: Er wünscht sich die „Aufhebung des Kontingentgesetzes, demzufolge österreichische Filmschauspieler in Deutschland als ‚Ausländer' gelten, die nur in beschränktem Ausmaß im deutschen Film arbeiten dürfen".[6] Im Sommer desselben Jahres ergeht in Deutschland eine Verordnung an die Filmproduzenten, wonach der Anteil der Ausländer beim gesamten Mitarbeiterstab der reichsdeutschen Produktionen nicht mehr als fünfundzwanzig Prozent betragen dürfe. Während zugkräftige Stars davon zunächst weitgehend verschont bleiben, bedeutet es für Kleindarsteller, sich jedes Mal um Arbeitsbewilligungen bemühen zu müssen, die, wenn sie überhaupt gewährt werden, nicht selten zu spät eintreffen. Viele versuchen daraufhin in Wien Arbeit zu finden, aber auch dort wird es zunehmend schwieriger, denn für die österreichischen Produktionen gilt: „Die ausländischen, deutschen und österreichischen Firmen, die in Wien arbeiten, bringen die Besetzung der Hauptrollen fast ausnahmslos schon mit und engagieren hier lediglich Episodisten und Komparserie."[7]

---

5   Billy Wilder. Eine Nahaufnahme von Hellmuth Karasek, München 1992, S. 91.
6   Mein Film (1932), Nr. 365, S. 7.
7   Mein Film (1932), Nr. 364, S. 6.

Die Machtergreifung der Nationalsozialisten verschärft 1933 die Situation, deren Auswirkung auch in Österreich sehr bald zu spüren ist. Im Jahre 1935 parodieren Hans Weigel und Lothar Metzl in einem Sketch für das Kabarett „Literatur am Naschmarkt" den österreichischen Film EPISODE. Ihr Augenmerk richtet sich dabei nicht nur auf die Filmhandlung, sondern auch auf den Umstand, dass dessen Drehbuchautor und Regisseur Walter Reisch wegen seiner jüdischen Herkunft zu jenem Zeitpunkt in Deutschland bereits nicht mehr auf den Plakaten erscheinen darf. Dem Publikum ist klar, dass hier bewusst mit Entsetzen Scherz getrieben wird. EPISODE ist international erfolgreich, Paula Wessely hat für ihre Rolle auf der 3. Internationalen Filmkunstausstellung in Venedig den Volpi-Pokal erhalten. Dennoch scheint es lange Zeit so, als ob der Film für Deutschland nicht zugelassen und dadurch ein wirtschaftlicher Misserfolg wird. Schließlich hat EPISODE am 23. August 1935 in Berlin in Anwesenheit von Paula Wessely Premiere. Walter Reisch ist nicht eingeladen, sein Name fehlt im Presse- und Propagandaheft und daher auch in zahlreichen Besprechungen.

Reisch ist Realist. Ein wirtschaftliches Überleben am deutschsprachigen Filmmarkt scheint ihm auf Dauer unmöglich, nachdem österreichische Filme nicht mit „Nichtariern" besetzt werden dürfen, da man für die wirtschaftliche Vermarktbarkeit das deutsche Absatzgebiet braucht und jeder dort gespielte Film eine „reinrassige Besetzungs- und Mitarbeiterliste" aufweisen muss. In Wien befindet sich der Regisseur und Drehbuchautor Reisch in der Gesellschaft zahlreicher rassisch Verfolgter aus dem Filmgeschäft, deren Zukunft immer ungewisser wird.

Paula Wessely bezeichnet Walter Reisch in zeitgenössischen Artikeln stets als ihren „Lieblingsautor". Daraus ergeben sich mit einer gewissen Folgerichtigkeit antisemitische Denunziationen, die von Exklusivverträgen „des Juden Reisch" mit dem neuen Filmstar Wessely wissen wollen.[8] EPISODE ist ihre letzte Zusammenarbeit, deren wirtschaftlicher Erfolg – trotz internationaler Anerkennung – durch die Aufnahmeschwierigkeiten in Deutschland nur mit Mühe gewährleistet werden kann. Aus den Tagebüchern von Joseph Goebbels geht hervor, dass sich sowohl Paula Wessely als auch ihr Mann Attila Hörbiger für die Weiterbeschäftigung des verfemten Autors im deutschsprachigen Film eingesetzt haben. Ihr Engagement bleibt letztlich ohne Ergebnis, manifestiert in dem Eintrag: „Für Paula Wessely ihr Jude Reisch abgelehnt. Muß sich fügen."[9]

„Muß sich fügen" gilt insgesamt für die unabhängige österreichische Filmproduktion jener Zeit. Das Jahr 1935 beginnt mit Verhandlungen über ein neues Filmaustauschabkommen, bei dem die deutsche Filmindustrie durchsetzt, dass, wenn die nach Deutschland exportierten Filme von der Kontingentsteuer befreit werden sollen, eine Genehmigung des Propagandaministeriums notwendig

---
8 Vgl. Oliver Rathkolb: Führertreu und gottbegnadet. Wien 1991, S. 263.
9 Elke Fröhlich (Hg.): Die Tagebücher von Joseph Goebbels. Teil 1. Bd. 2. München 1987, S. 611.

wird.[10] Da dies naturgemäß im Falle von daran beteiligten politisch Unliebsamen nur schwer zu bekommen ist, führt es bei österreichischen Firmen zu einer Kündigungswelle bei jüdischen Regisseuren, Schauspielerinnen und Schauspielern. Walter Reisch selbst klagt schon ein Jahr zuvor während der Dreharbeiten zu MASKERADE über zunehmende Probleme:

> In Deutschland reist gegenwärtig eine neue und doppelt verschärfte Anti-Juden-Welle. Man hat sämtlichen kleinen Leuten, die bisher noch auftreten durften, die Erlaubnis glatt kassiert: Mossheim, Lucia Mannheim, Wallburg, Willy Rosen, Matray-Ballett, etc., etc. Im Film gibt es ohnehin nur noch Reinarier! Jetzt schafft man die wenigen getarnten Mitarbeiter auch noch mit Stumpf und Stengel aus der Welt![11]

EPISODE spielt in der selben Zeit wie Hugo Bettauers Roman *Die freudlose Gasse*, nach deren Vorlage G. W. Pabst 1925 seinen Stummfilmerfolg dreht. Anders als Bettauer ist Walter Reisch an einer kommerziell verwertbaren Mythologisierung der österreichischen Geschichte durchaus interessiert und legt damit den Grundstein für etliche Erfolge der späteren Wien-Film, bei der seine nicht emigrierten Kollegen wie Gustav Ucicky und Karl Hartl engagiert werden. Seine historische Vorliebe gilt dem Ende der Habsburgermonarchie und vor allem der Zwischenkriegszeit, in deren Wirren er viele seiner Geschichten ansiedelt.

Wenngleich Reisch – wie auch in EPISODE – letztendlich immer nur darum bemüht ist, eine ewig gültige (Liebes-)Geschichte in der jeweiligen Epoche einzufassen, weist er sowohl dezent wie ostentativ auf die schwelende Problematik jener Zeit hin. „Wie ist das möglich?", fragt Paula Wessely in dem Film, der im Wien des Jahres 1922 spielt, anlässlich wirtschaftlicher Fehlspekulationen einiger weniger Betuchter, die allgemeine soziale Not- und Missstände nach sich ziehen.

– „Das ist die Zeit", antwortet man ihr. Ihren Ausbruch nach dieser lapidaren Begründung hätte bereits das Publikum der 1920er-Jahre verstanden: „Die Zeit? Die Zeit? Ja wieso denn die Zeit? Mit dem Wort hat man uns ja vier Jahre im Krieg abgespeist. Und jetzt ist der Krieg vorbei und jetzt heißt's noch immer: Die Zeit. Ja wann geht denn diese Zeit zu Ende?"

Die Wien-Film

Die Zeit, die drei Jahre später, nämlich 1938 beginnt, benennen die neuen politischen Machthaber gerne nach der aus der Tobis-Sascha-Filmindustrie hervorgegangenen Wien-Film, die „Wien-Film-Zeit". Das ihr von offizieller Seite

---

10 Vgl. Armin Loacker: Die ökonomischen und politischen Bedingungen der österreichischen (Ton-) Spielfilmproduktion der 30er Jahre. Diplomarbeit. Wien 1992, S. 120 ff.
11 Brief von Walter Reisch an Marlene Dietrich vom 8. März 1934, in: Günter Krenn (Hg.), Walter Reisch – Film schreiben. Wien 2004, S. 51.

vorangestellte Motto „Wetteifernd mit den übrigen Künsten soll der Film gestalten, was Menschenherzen erfüllt und erbeben läßt, und sie durch Offenbarung des Ewigen in bessere Welten entrückt"[12] ist von Joseph Goebbels unterschrieben, der Propagandaauftrag damit dokumentiert. „Gute Unterhaltung" war endgültig von der Staatsgewalt her instrumentalisiert.

Walter Reisch emigriert über Großbritannien in die USA und beginnt dort eine erfolgreiche Karriere als Drehbuchautor. Fritz Grünbaum wird mit zahlreichen anderen Filmschaffenden 1938 von den Nazis verhaftet und auf eine Reise in den Tod geschickt. Gustav Ucicky, sein Regisseur aus MENSCH OHNE NAMEN avanciert zu einem vielbeschäftigten Regisseur der Wien-Film, dreht Streifen wie MUTTERLIEBE (1939), DER POSTMEISTER (1940) oder – im Todesjahr Grünbaums – das Propagandamachwerk HEIMKEHR (1941). Im Gegensatz zu letzterem Film sieht man den meisten Produktionen, die in jener Zeit entstehen, die Umstände, unter denen sie entstehen, nicht an. Im Nachkriegsösterreich vergisst man retrospektiv gerne, dass die Wien-Film ursprünglich eine von den Nazis ins Leben gerufene Institution ist, der Enteignungen und die obligate Vertreibung jüdischer Teilhaber und Mitarbeiter der Tobis-Sascha vorausgegangen ist. Hier mündet konsequenterweise, was in den Querelen rund um Grünbaums Rollengestaltung 1932 und Reischs Problemen beim Film EPISODE seinen Anfang nimmt. Die Entstehung der Wien-Film ist wie vieles andere kein „Handstreich" im Jahres 1938, sondern eine konsequente Fortsetzung langjähriger Bestrebungen. Bereits am 25. April 1935 bestätigt die Zeitung *Der Tag*, dass der Ausschluss jüdischer Beteiligter an Filmproduktionen auch für Österreich gelte:

Deutschland übernimmt nur Filme, die unter den gleichen Bedingungen gedreht sind, alle Mitarbeiter, die Drehbuchverfasser, die Regisseure, Kameraleute, die Cutter müssen nach den strengen Vorschriften des nationalsozialistischen Rassenwahns ausgewählt werden. Wer in Deutschland nicht zugelassen würde, darf auch in Österreich nicht filmen, wenigstens nicht, wenn die Produktion nur für Deutschland bestimmt ist.[13]

In der Publikation zur Gründung der Wien-Film weist man 1940 ebenso stolz wie deutlich darauf hin, dass zahlreiche Personen bereits vor der „Wiedervereinigung" auf dieses Ziel hingearbeitet haben. Die gesamte Wiener Filmproduktion, so beklagt man dort, sei in jüdischen Händen gelegen, die Deutsche Tobis hätte innerhalb der Tobis-Sascha vergeblich dagegen angekämpft, erst mit dem Hinausdrängen der „jüdischen Produzenten" konnte der Kampf letztendlich gewonnen werden.

Wie der Artikel aus dem *Tag* verdeutlicht, steigt der Druck der deutschen Filmindustrie auf die österreichische zwischen 1934 und 1938 zunehmend. Von den Produktionen der Emigrantenfilme abgesehen, selektieren die Firmen bereits

---

12 Wien-Film. Unser erstes Produktionsjahr, Wien 1940, o. S.
13 Der Tag, 25. April 1935, zitiert in: Filmkunst (Wien 1985), Nr. 107, S. 13.

nach großdeutschen Vorstellungen, hat sich das Personal, das auch zukünftig unter dem Protektorat des Deutschen Reiches arbeiten durfte, bereits formiert. „Der Wiener Film entstand mit wenigen rühmlichen Ausnahmen unter Produzenten, die Heurigengeselligkeit, Walzertraum, Leichtsinn, Liebe und süßes Nichtstun skrupellos mixten und dem gedankenlosen Kinobesucher als Spiegelbild eines ganzen Volkes anboten."[14] – So polemisiert die Geschäftsführung in der Festschrift zum ersten Produktionsjahr der Wien-Film, um in der Folge an diesem Prinzip – mit einigen unrühmlichen Ausnahmen im Propagandabereich – nicht das Geringste zu verändern und avanciert damit zu einer der erfolgreichsten Produktionsfirmen im Deutschen Reich.[15]

In gewisser Weise perfektioniert die Wien-Film nur einen dramaturgischen Stil, der sich im deutschsprachigen Film seit etwa einem Jahrzehnt herangebildet hatte. Zahlreiche Filmemacher wie Willi Forst, E. W. Emo oder Ucicky setzen ebenso ihre bisherige Arbeit fort wie Teile des Schauspielerpersonals. Der bittere Kontrapunkt dazu ist, dass vor und hinter der Kamera wesentliche Protagonisten fehlen, da sie entweder ins Ausland flüchten müssen oder in den Vernichtungslagern verschwinden.

Mit Filmhandlungen, die in historischer Ferne oder mit sehr losen und möglichst unverfänglichen zeitlichen Bezugspunkten angesiedelt sind, gelingt dem Unternehmen Wien-Film – mit wenigen Ausnahmen – eine „Flucht in die Historie"[16], wie man in der Berliner Reichsfilmkammer konstatiert. Der künstlerische Direktor der Wien-Film, Karl Hartl, hat seine erste Filmerfahrungen noch unter Graf Kolowrats Sascha-Film gemacht (also dem Vorläufer der Wien-Film) und später in Deutschland bei BERGE IN FLAMMEN (1931), F.P.1 ANTWORTET NICHT (1932) oder DER MANN, DER SHERLOCK HOLMES WAR (1937) erfolgreich Regie geführt. Seine Darstellung des Wien-Film-Programms unterläuft Jahrzehnte nach dem Krieg gezielt Österreichs Trauma:

> Ich hatte es mir zum Prinzip gemacht, in die Vergangenheit zu flüchten, um keine Nazifilme machen zu müssen. Dabei mußten alle nur denkbaren Stoffe herhalten, von Mozart und Raimund bis zu den Schrammeln. Damit erzielten wir nicht nur schöne Erfolge, sondern es gelang uns auch, wie nach 1945 allgemein bestätigt wurde, das Eigenständig Österreichische im besten Sinne zum Ausdruck zu bringen und lebendig zu halten.[17]

Die erste Wien-Film-Produktion UNSTERBLICHER WALZER gibt 1939 eine wesentliche Struktur vor: Berühmte Künstler, in diesem Falle die Familie Strauß,

---

14 Wien-Film. Unser erstes Produktionsjahr, Wien 1940, o. S.
15 Karl Hartl betonte, finanziell hätte die Wien-Film etwa bis zur Hälfte des Krieges keine Probleme gehabt. Ihre Produkte verkauften sich in die skandinavischen Länder sowie Polen, Ungarn, Frankreich, aber auch nach Rumänien, Spanien, Portugal, Japan, Türkei und die Schweiz.
16 Fritz Hippler: Betrachtungen zum Filmschaffen. Berlin 1942. S. 10.
17 Felix Czeike (Hg.): Wien 1938. Wien 1978. S. 274.

in späteren Mozart (WEN DIE GÖTTER LIEBEN, 1942), Ferdinand Raimund (BRÜ-
DERLEIN FEIN, 1942), Franz Jauner (OPERETTE, 1940) oder Carl Michael Ziehrer
(WIENER MÄDELN, 1949) werden als Personifizierung Wiens (re)konstruiert und
(re)präsentieren die Stadt, bzw. deren subjektive Darstellung ihrer Kultur. Die
Grundstruktur der Drehbücher bildet eine meist nur leicht variierte Liebesgeschichte rund um Neigung und Pflicht, wobei sich erstere letzterer unterzu-
ordnen hatte. Auch das ist kein neues Motiv. „Es geht nicht anders", bekommt
Paula Wessely als Erzherzogin Marie-Luise bereits in SO ENDETE EINE LIEBE
1934 (unter der Regie von Karl Hartl) gesagt. Ihre Rollenfigur verzichtet
folgsam auf die Liebe um staatspolitischer Räson zu gehorchen – und die Schauspielerin avanciert in der Folge zur paradigmatischen Inkorporation des Ver-
zichts auf das bisschen – oder viel – Mehr an Möglichem im Leben zugunsten
von Pflicht, Anstand, Moral oder schlicht Notwendigkeit. Paula Wessely mag als
Beispiel für die permanente Wirkung mancher Produktionen der Wien-Film gedeutet werden. Sie erweist sich als perfekt instrumentalisierbar für den ge-
wünschten Frauentypus vor, während und nach dem Krieg. Sie repräsentiert die
ideale Gefährtin in ERNTE (1936), verzichtet in MARIA ILONA (1939), duldet in
SPÄTE LIEBE (1943), DIE KLUGE MARIANNE (1943) und DAS HERZ MUSS
SCHWEIGEN (1944), um sich folgerichtig in DER ENGEL MIT DER POSAUNE (1948)
erneut in ähnlichem dramaturgischem Konzept zu bewähren.[18]

Liebesgeschichten dramatisiert auch Willi Forst in seinen Produktionen für
die Wien-Film, eingebettet in Operettenhandlungen (WIENER BLUT, 1942) oder
als Grundkonzept für seine Biographien von Operettenkomponisten oder -Re-
gisseuren (OPERETTE, WIENER MÄDELN). Seine Filme repräsentieren noch heute
Musterbeispiele des Musiktonfilms.

Von der Auswahl der Themen her ist die Wien-Film von Berlin abhängig,
Hartl pocht dreißig Jahre nach Kriegsende in Interviews auf seinen Versuch,
stets an einer „Wiener Note" festgehalten zu haben. Der schlechte Kriegsverlauf
und der dadurch gestiegene Bedarf an eskapistischer Unterhaltung hätten für das
Konzept seiner Wien-Film gearbeitet. Absolute Mitsprache hat Berlin vor allem
bei der Besetzung. Hartl erinnerte sich an ein striktes Veto gegen Filme mit Inge
Konradi, begrüßt wird dagegen der Einsatz von Stars wie Paula Wessely, Attila
und Paul Hörbiger, Hans Moser, sowie der von Käthe Dorsch in MUTTERLIEBE
(1939) oder Heinrich George, Hilde Krahl und Hans Holt in DER POSTMEISTER
(1940).

Karl Hartl spricht retrospektiv von nur drei Filmen, welche die Propaganda-
auflagen erfüllen. Der Einsatz und die Darstellung jüdischer Elemente in LEINEN
AUS IRLAND (1939), WIEN 1910 (1943) und HEIMKEHR (1941) sprechen auch
heute noch eine deutliche Sprache. Sind es in LEINEN AUS IRLAND ähnlich wie in
JUD SÜSS (1940) semitische Protagonisten, die eine Wirtschaftsmisere profitabel
zu nützen versuchen, soll WIEN 1910 eine Hommage an Georg von Schönerers

---

18 Siehe dazu: Maria Steiner: Paula Wessely. Die verdrängten Jahre, Wien 1996.

pangermanische Visionen werden. HEIMKEHR spielt wenige Monate vor dem Beginn des Zweiten Weltkrieges in Polen, und schildert dort eine von den Einheimischen gequälte deutsche Minderheit. In diesem Muster muss Hitlers Angriff folgerichtig als Befreiung, als Rettungsaktion gedeutet werden.

Wien-Film Nachspielzeit

Elfriede Jelinek betont in der Diskussion rund um ihr Stück *Burgtheater* stets, es wäre ein Stück über Sprache und keines über reale Personen, als das es missverstanden werde: „Ich habe mich da einfach an den Schneidetisch gesetzt und ganze Passagen aus Filmen dieser Zeit abgeschrieben, zum Beispiel aus HEIMKEHR, der ja der schlimmste Propagandafilm des Dritten Reiches war und in dem Paula Wessely die Hauptrolle gespielt hat."[19]

Aus dem Zusammenhang genommen, empfindet das heutige Publikum die Montage aus, zumindest zum Teil Wien-Film-Zitaten nicht mehr als „gute Unterhaltung", sondern als unerträglich, während sich die Filme in Kino und TV auch nach dem Krieg ungebrochener Beliebtheit erfreuen. Diese Bruchstelle offenbart die eigentliche Problematik in der Beurteilung vieler Produktionen der 1930er und 1940er Jahre. Wie soll man sie aus heutiger Sicht deuten? Karl Hartl sieht in ihnen keine „gelenkte Unterhaltungsware", sondern Filme, die man drehte, um den Leuten Unterhaltung zu bieten. Das Konzept hätte im Ausweichen vor den konkreten politischen Zuständen bestanden, das verlangt dramaturgisch nach einer fernen oder geschichtlich unscharf gefassten Epoche und Geschichten von klarer, einfacher dramatischer Struktur. Ein Großteil der Filme spielt in der Zeit vor dem Ersten Weltkrieg. Mozart, Raimund, die Schrammeln werden ebenso als Menschen ihrer Zeit porträtiert wie die variablen Mizzis oder Franzls, sie alle bevölkern die „Wien-Film-Zeit". Und das ist ein Schema, das man in Österreich – von einigen Ausnahmen abgesehen – auch in der Nachkriegszeit gerne praktiziert.

Willi Forst beschließt seinen Film WIENER MÄDELN mit einem Duell der beiden Dirigenten Carl Michael Ziehrer und John Cross. Das Publikum ist durch die simultanen Darbietungen eine Zeitlang hin und her gerissen, entscheidet sich aber schließlich für das Bodenständige. Wie man weiß, irrt sich Forst in dem 1944 begonnenen und erst 1949 vollendeten Wien-Film-Streifen mit dieser Prognose – zumindest was die heimische Filmerzeugung angeht.

Am 21. August 1945 vereinbart die Wien-Film mit dem Staatsamt für Wiederaufbau einen Vertrag zu einem Dokumentarfilm über die Restaurationsarbeiten in Wien, „beginnend mit dem Stephansdom als Mittelpunkt, künstlerische Bauten Wiens vor der Zerstörung, Verwüstung der Stadt und Aufbau- und Aufräumarbeiten mit dem Wunsch ausgedrückt ‚so muß es wieder wer-

---

19 Kurt Palm (Hg.): Vier österreichische Stücke. Wien 1987. S. 227.

den.'"[20] Man bezieht sich dabei auf die für den Fremdenverkehr wie auch als Filmkulisse taugliche Wiederherstellung öffentlicher Bauten, die – wie in den Jahrzehnten davor – zur äußerlichen Identifikation Wiens und seiner Kultur benötigt wird. Gute Unterhaltung soll wieder zum gewinnträchtigen Wirtschaftsfaktor werden. „So muß es wieder werden!" bewährt sich 1945 lediglich für den Fremdenverkehr, für den sich Österreich, restauriert in den Dokumentar- und Spielfilmen der (u. a.) Wien-Film, in seiner neuen selbstgewählten Rolle als Dornröschen zum gutgetimten Schönheitsschlaf ausstrecken konnte.

---

20 Helene Schrenk, Bestandsliste der Wien-Film aus den Jahren 1938-45, Wien 1938-1945, o. S. Filmarchiv Austria, Wien.

Wenn Wiener aus Brünn Berlin erobern.
Vom kabarettistischen Kulturaustausch
zwischen zwei Nachbarn

Volker Kühn

Noch war es eine friedliche Invasion, die die Deutschen vor hundert Jahren von der Spree an die Donau kommen ließ. Und sie kamen nicht mit leeren Händen. Was sie da mitbrachten, war der neueste Schrei zur Zeit der damaligen Jahrhundertwende, versprach einen Jux mit Niveau und nannte sich Cabaret. Das hatte man sich von Paris abgeguckt, wo man in den Montmartre-Kaschemmen den aufmüpfigen Künstlerkneipier Rodolphe Salis und den rebellischen Chanson-Barden Aristide Bruant erlebt hatte, wie sie sich im „Chat noir", im „Mirliton" und anderswo von der Bohème dafür feiern ließen, daß sie die braven Bürger verspotteten, die Obrigkeit verhöhnten und sich dabei für gutes Geld sehen ließen. Man pries das freie Leben und lebte danach, man feierte ausgelassene Feste im Kreis guter Freunde, zu denen Maler wie Toulouse-Lautrec und Steinlen, Dichter wie Jules Joy und der Baudelaire-Jünger Maurice Rollinat und Musiker wie Erik Satie und Claude Debussy gehörten. Im Nu hatte sich herumgesprochen, wie toll es das wilde Künstlervolk dort oben auf dem Hügel trieb, wie man im Schatten des Sacré Coeur die Nacht zum Tage machte, wie man den Spießer an den Pranger stellte und dabei sozialkritische Töne spuckte, wie man aufrührerische Reden führte und lautstark freche Lieder sang, in denen leichte Mädchen und schwere Jungs verherrlicht wurden – und schon pilgerte das wohlanständige Bürgertum hinauf in den Boulevard Rochechouart, um sich vom Podium herab beschimpfen zu lassen: man war ganz versessen darauf, von dem Kakao, durch man da gezogen wurde, auch noch zu trinken.

Zu den Neugierigen zählten auch Besucher von außerhalb, sogar aus dem fernen Deutschland reisten sie an und kamen aus dem Staunen gar nicht mehr heraus: lebenshungrige Dichter wie Frank Wedekind und feinsinnige Geister wie der Schriftsteller Ernst von Wolzogen. Man war fasziniert, so etwas hatte man noch nicht zu Gesicht bekommen. Alfred Kerr, der Journalist aus Berlin, brachte die Begeisterung der deutschen Paris-Reisenden auf den Punkt: „In diesen

Liedern ist alles: Kot und Glorie, Himmlisches und Niederstes. Mit einem Wort: Menschliches, Menschliches, Menschliches."[1]

So etwas wollte man auch diesseits des Rheines haben. Den Wettlauf um die Deutschland-Premiere gewann schließlich Wolzogen vor Wedekind, der das unbotmäßige Musenkind in München hatte aus der Taufe heben wollen. Aber der konservative Edelmann war schneller: Am 18. Januar 1901 hob sich in Wolzogens „Buntem Theater" in Berlins Alexanderstraße der Vorhang zum ersten deutschsprachigen Kabarettprogramm: Das „Überbrettl" war geboren. Mit ihm sollte nach dem Willen seines Gründers das Tingel-Tangel reformiert, das Varieté veredelt und der Literatur die Leichtigkeit des Tänzerschritts verordnet werden. Dieser Versuch fiel denn auch recht deutsch aus, ziemlich bieder und bierernst, zumal Reichsfreiherr von Wolzogen all das, was er bei den „Franzmännern" zu sehen bekommen hatte, einfach aussparte: Sozialkritik, politische Anspielungen, satirischer Biß – Fehlanzeige. Stattdessen wartete der frischgebackene Brettl-Baron, der sich zur Feier des Tages in einen taubenblauen Frack und Biedermeier-Schnallenschuhe geworfen hatte, gleich zu Beginn mit einem gereimten Kotau vor der Obrigkeit und speziell vor SM Kaiser Wilhelm auf: „Lieber Herr Kaiser, gelt, du sagst nicht Nein?"[2] Das Programm war entsprechend: anheimelnde Couplets übers traute Glück daheim und zufriedene Gemüter, vorgetragene Goldschnitt-Lyrik für den gehobenen Bildungsbürger, ein keckes, von mittelalterlichen Soubretten augenzwinkernd gejauchztes Tralala für die nach lockerer Großstadt-Unterhaltung verlangenden Vertreter des Hoch- und Geldadels im Parkett.

Die Bezeichnung „Überbrettl" ist eine Anspielung auf den Übermenschen eines Friedrich Nietzsche – kleiner hat man's nicht –, und auch das Geburtsdatum war bewußt gewählt worden: Es war der 200. Jahrestag der Erhebung Preußens zum Königreich, das Ordensfest der Ritter vom Schwarzen Adler und schließlich – last not least – der Tag, an dem 30 Jahre zuvor im Spiegelsaal zu Versailles das Deutsche Reich ausgerufen worden war und Wilhelm I. sich zum deutschen Kaiser hatte krönen lassen.

Und doch wurde mit diesem ersten deutschen Cabaret, das sich in Deutschland bald – anders als etwa in Österreich – Kabarett nennen sollte, eine Lawine losgetreten. Über Nacht schießen überall in deutschen Landen kleine Kabaretts wie Pilze aus dem Boden, allein in Berlin gibt es bald mehr als vierzig Etablissements dieser Art. Viele Kneipenwirte sind von der Idee begeistert, durch ein paar unterhaltende Lieder und einen Witzbold ihren schlechten Wein besser an den Mann zu bringen. Aber auch die Künstler selbst finden Geschmack an der modischen Novität.

---

1 Alfred Kerr: Die wahren Überbrettl. In: ders., Gesammelte Schriften, Bd. IV, Berlin 1917, S. 327ff.
2 Ernst von Wolzogen: Kaiser Wilhelm dem andern. In: Volker Kühn (Hg.): Kleinkunststücke. Eine Kabarettgeschichte in fünf Bänden, Band I: Donnerwetter – tadellos, Kabarett zur Kaiserzeit 1901-1918. Weinheim, Berlin 1987, S. 37.

Wenige Wochen nach der Wolzogen-Premiere betritt der Schauspieler und Regisseur Max Reinhardt mit seinem Kabarett-Theater „Schall und Rauch" die Berliner Kleinkunstszene und in München scharen sich Schriftsteller, Maler, Musiker und Schauspieler um den Conferencier Marc Henry, darunter die Diseuse Marya Delvard und der scharfzüngige Frank Wedekind, der bei den „Elf Scharfrichtern" seine Moritaten und Schauerballaden zur Laute singt und dabei kraftvoll gegen die Obrigkeit, gegen spießige Moral, behördliche Willkür und schnüffelnde Zensoren vom Leder zieht. Kollegen seiner Zunft nehmen sich das Beispiel zu Herzen. Etablierte Schriftsteller wie Otto Julius Bierbaum, Richard Dehmel oder Detlev von Liliencron verschreiben sich dem gehobenen Tingel-Tangel, selbst Bohème-Dichter wie Peter Hille und Erich Mühsam gehen bald „brettln".

Aber auch der Brettl-Baron selbst profitiert von dem allgemeinen Kabarett-Boom, der ihn bald in ein größeres, 800 Plätze fassendes Haus umziehen und auf Tournee durch Europa gehen läßt. Als Wolzogen mit seinem „Überbrettl"-Team 1901 im Wiener „Carl-Theater" gastiert, weiß sein musikalischer Leiter Oscar Straus, endlich wieder daheim an der Donau, etwas Besseres als den Premierenabend über am Klavier zu sitzen und die „lieben, süßen Mädel" und den *Lustigen Ehemann* mit dem ewigen, längst zum Kabarett-Schlager gewordenen Klingklangloribusch und dem martialischen Tschindarassabumm zu begleiten. Er hat sich einen Ersatzmann besorgt und der legt dem Berliner Direktor mit eigenen Brettl-Kompositionen gleich eine Probe seines Könnens vor: Arnold Schönberg bekommt den Job und wird sogar ermutigt, noch mehr solcher Chansons zu komponieren. Später soll er sich, so wird berichtet, angesichts der „förchterlichen" Texte, die er zu feschen „Überbrettl"-Liedeln machen soll, mehrfach mit der flachen Hand gegen die Glatze geschlagen haben.

Karl Kraus sah das ähnlich. Er holte in der Mai-Nummer seiner *Fackel* mit einem Totalverriß zum Hieb gegen Berlins bunte Brettl-Bühne aus:

> In Berlin soll's einen Bombenerfolg gehabt haben: Snobs, die innerlich gute Berliner und äußerlich bloß schlechte Europäer sind, wähnten sich in Pariser Cabarets verpflanzt, schwelgten in ein paar Zötchenliedern und sahen im Philistertum der meisten Produktionen nur eine satirische Kontrastwirkung zu den prickelnderen Genüssen.[3]

Der schlaue Herr von Wolzogen habe – nachdem sein Programm an der Spree abgespielt sei – schnell erkannt, welcher Nutzen sich aus den freundlichen Beziehungen zwischen Berlin und Wien ziehen lasse:

> Hier hat jetzt das deutsch-österreichische Bündnis von Wiener und Berliner Schmocktum eine Woche lang Orgien der Begeisterung entfesselt; dem geschmackvolleren Zuhörer,

---

3 Karl Kraus: Witzblätter. In: Die Fackel, Nr. 76 (Mai 1901), S. 14f.

der vom Bunten Theater naiv eine Veredelung des Varieté erwartet haben mag, war's nach einer halben Stunde zu bunt.[4]

Tatsächlich erstaunt einigermaßen, daß es der „Überbrettl"-Mission bedurfte, um in Wien das Kabarett als Cabaret heimisch werden zu lassen. Denn die Zutaten, derer diese literarisch-politisch-satirische Feinschmecker-Spezialität bedarf, gab's damals in der Donau-Metropole seit langem und wie nirgendwo anders im Übermaß: Komische Figuren, wie sie mit ihren Hanswurstiaden im Mittelpunkt des Alt-Wiener Volkstheaters standen, hatten seit zweihundert Jahren die Lacher auf ihrer Seite, auch Parodistisches war im Volkstheater zuhause, satirischer Biß, bitterer Spaß und die Vorliebe für aktuelle Anspielungen waren seit jeher ein Markenzeichen Nestroys, wie auch die Volkssänger nicht müde wurden, manch beherzten Reim auf die Wiener Lebensart zu intonieren, oft augenzwinkernd und mit kritischen Akzenten. Und dann gab es da noch die „Budapester Orpheum-Gesellschaft" als Garant für den schnellen jüdischen Witz, für beeindruckende Situationskomik, virtuose Improvisationstalente und Jargon-Jongleure aller Art. Ein Lachtheater? Auch das.

Und doch wird die künstlerische Anregung der deutschen Nachbarn in Wien freudig begrüßt. Das „Überbrettl" kommt ein weiteres Mal nach Wien. Und so geistreich wie gallig Karl Kraus auch giftet und von einer erneuten „Heimsuchung durch Herrn von Wolzogen"[5] spricht, so scheint die restliche Wiener Literatenszene von diesem deutschen Exportartikel aus zweiter Hand doch recht angetan zu sein. Hermann Bahr will sogar einen Moment lang „den Becher des Dionysos an den Lippen"[6] gespürt haben. Und noch einer verfällt dem Reiz des Cabarets made in Germany. Felix Salten, der Theaterkritiker der *Wiener Zeitung*, beschließt, das Berliner Vorbild als „Jung-Wiener Theater zum Lieben Augustin" in Wien heimisch werden zu lassen. Und zwar als Versuch, „ein neues Forum für die moderne Verbindung von Lyrik, Musik, Tanz und Farbenstimmung"[7] zu schaffen. Dabei soll aber durchaus auch auf Bewährtes zurückgegriffen werden: *Ringelringelrosenkranz*-Dichter Otto Julius Bierbaum soll Lieder liefern, aus Paris wird der Schattenspiel-Experte des „Chat noir", Henri Rivière, engagiert, aus München Scharfrichter Wedekind. Die Premiere findet am 16. November 1901 im „Theater an der Wien" statt und wird zum Flop, Frank Wedekind wird ausgebuht. Nach sieben Vorstellungen kommt das Aus für das erste Wiener Cabaret. In der *Fackel* reibt sich Kraus die Hände:

> Der liebe Augustin klopft an den Deckel seines Sarges, meldet sich zum Leben und beteuert, daß man ihn zu Unrecht begraben habe. Herr Felix Salten hat die feierliche Stille

---

4 Kraus, Witzblätter. In: Die Fackel, Nr. 76 (Mai 1901), S. 14f.
5 Karl Kraus: Antworten des Herausgebers – Sitznachbar. In: Die Fackel, Nr. 82 (Okt. 1901), S. 26.
6 Kraus: Antworten des Herausgebers – Sitznachbar. In: Die Fackel, Nr. 82 (Okt. 1901), S. 26.
7 S. Wiener Allgemeine Zeitung, 19. 11. 1901.

des Jungwiener Friedhofs durch ein Feuilleton über sich selbst, seine gescheiterten Hoffnungen, seine dennoch nimmerruhende Sorge um Österreichs Varieté-Zukunft gestört.[8]

Salten, so Kraus weiter, den Wolzogens Profite nicht hätten schlafen lassen und den „das Sedan des deutschen Varieté" zur Nachahmung angespornt habe, sei der Organisator einer der größten künstlerischen Niederlagen; sein Name werde fortan und für alle Zeiten mit der „Erinnerung an ein Königgrätz des Überbrettl" verknüpft sein.

Nach solcherlei Staatsbegräbnis erster Klasse dauert es mehr als vier ganze Jahre, ehe sich in Wien wieder Kabarettisten aufs Podium drängen. Diesmal ist es die Resttruppe der Münchner „Elf Scharfrichter", die, angeführt von Conferencier Marc Henry, seiner Brettl-Diseuse Marya Delvard und dem Musiker Richard Weinhöppel, den Wiener Kabarett-Liebhabern in der Ballgasse ein „Nachtlicht" anzünden will. Man schöpft aus dem reichen Fundus des gescheiterten „Scharfrichter"-Projekts, bringt die bewährten Texte von Bierbaum, Dehmel, Greiner, Gumppenberg, Liliencron und Wedekind. Auf der Bühne stehen neben der vielfach bewunderten Delvard auch all die Brettl-Dichter, die ihr Talent längst auf Berliner Kabarett-Podien unter Beweis gestellt haben: Roda Roda, Erich Mühsam, Hanns Heinz Ewers. Für neue Farben im Programm sorgen Felix Dörmann und Carl Hollitzer, der zu Trommelklängen alte Landsknechtslieder vorträgt, und Egon Friedell, der Texte seines Freundes Peter Altenberg vorstellt.

Argus-Auge Karl Kraus verfolgt die „Nachtlichter" anfangs mit Wohlwollen, steht ihnen sogar mit Rat und Regie-Tat zur Seite. Aber der Schein trügt, bald wird eine heftige Fehde daraus. Bald brennt es in der *Fackel* wieder lichterloh vor scharfen kritischen Tönen. Kraus zeigt sich enttäuscht darüber, daß „aus einem Bollwerk gegen das Philistertum eine vor ein Champagnergeschäft gehängte Liedertafel"[9] geworden sei, und macht an der „Nachtlicht"-Diseuse Delvard den Trick aus, aus Mangel an eigener Persönlichkeit für sich durch eine Verbindung ihres Nichts mit berühmten Namen Reklame zu machen. Der Streit eskaliert, Wedekind kommt Kraus zu Hilfe, belebt uralten Kulissenklatsch und Münchner Kantinengerüchte und bedauert, je jene Texte geschrieben zu haben, die durch solch niederträchtige Menschen wie Henry und Delvard entweiht, dem Wiener Publikum zur Unterhaltung dienen. Der Künstlerkrach endet schließlich vor Gericht und in einem Handgemenge, in dessen Verlauf der robuste Monsieur Henry in einem Weinlokal den zartbesaiteten *Fackel*-Kritiker „buchstäblich bis zur Bewußtlosigkeit verprügelte", wie Augenzeuge Erich Mühsam zu Protokoll gibt, der seinerseits einen verstauchten Finger und einen zerbochenen Kneifer beklagt. Peter Altenberg sei derweil zwischen den umgestürzten Tischen um-

---

8 Karl Kraus: Ein Revenant. In: Die Fackel, Nr. 91 (Januar 1902), S. 14.
9 Karl Kraus: Nachtlicht. In: Die Fackel, Nr. 203 (Mai 1906), S. 17ff.

hergeirrt und habe mit den Worten „Ich bin verzweifelt" von Freund und Feind die Sektreste ausgetrunken.[10]

Auf der „Nachtlicht"-Bühne ging es dagegen weit weniger lebendig zu, mehr noch – das literarische Kabarett schloß fürs erste seine Pforten. Um bald darauf, im Oktober 1907, neu zu öffnen, diesmal Ecke Kärtnerstraße/Johannesgasse als „Fledermaus" und in neuer alter Besetzung. Wieder gab der versprengte „Scharfrichter"-Rest um Marc Henry den Ton an, die Delvard präsentierte sich abermals als singende Kabarett-Muse, Hollitzer als Landsknecht, Roda Roda trug seine Grotesken vor, Dörmann rezitierte, Friedell brillierte mit eigenen Texten, später auch in seinem zusammen mit Alfred Polgar verfaßten, vielumjubelten Einakter *Goethe im Examen* und schließlich als künstlerischer Leiter. Altenberg, Gumppenberg, Ludwig Scharf, Ewers, Franz Blei und Max Mell lieferten die Texte, Barrison-Sister Gertrude tanzte Rokoko wie einst im Berliner „Wintergarten", von der Spree kam auch die klampfende Bohème-Kabarettistin Käthe Hyan an die Donau und selbst das alte „Überbrettl" ließ grüßen, wenn Robert Koppel auftrat, Wolzogens leibhaftiger *Lustiger Ehemann* der ersten Kabarettstunde.

Neu war dagegen der Versuch, der „Fledermaus" ein prächtiges Outfit-Gefieder zu verpassen, am Jugendstil-Interieur arbeiteten immerhin Emil Orlik, Gustav Klimt und Oskar Kokoschka mit, der außerdem das Programm durch „bewegliche Lichtbilder" bereicherte. Die äußere Form des Kabaretts, das bescheinigte die Wiener Presse, war vorzüglich, nur fragte man sich, was mit dem Inhalt sei. In die gleiche Kerbe hieb Karl Kraus, der bissig bemerkte, ein hohes Niveau komme nicht etwa dadurch zustande, daß man die Preise und das Kabarettpodium erhöhe. Und das *Illustrierte Wiener Extrablatt* wünschte sich und dem „Fledermaus"-Team: „Die Kultur wäre glücklich da, die Unterhaltung wird hoffentlich bald kommen."[11]

Sie ließ nicht lange auf sich warten. Ihren Durchbruch hatte sie nicht zuletzt in der „Hölle", dem Kabarett, das noch vor der „Fledermaus" im Keller des Theaters an der Wien eröffnet worden war. Hatte sich noch bei der Premiere alles um die Diseuse Mella Mars und ihren Begleiter Béla Laszky gedreht, so gab es bald einen weiteren Geheimtip für einen Besuch in der „Hölle": der Conferencier Fritz Grünbaum. Der hatte bisher bereits einige Operettentexte zu Papier gebracht und hatte sich schon früh der fixen Idee verschrieben, die Leute lachen zu machen. Als sich ihm die Chance bot, das auf der Kabarettbühne auszuprobieren, hat er auf der Stelle seine beruflichen Pläne, als Theaterkritiker und Rechtsanwalt Karriere zu machen, an den Nagel gehängt.

---

10 Erich Mühsam: Wiener Episode. In: Namen und Menschen, Unpolitische Erinnerungen. Berlin 1977, S. 126.
11 Zitiert nach Hans Veigl: Lachen im Keller, Kabarett und Kleinkunst in Wien. Wien 1986, S. 30.

Der Erfolg als Kabarettist kam, wenn man seinen eigenen Worten glauben mag, über Nacht: „In den ersten Oktobertagen des Jahres 1906 wurde das Kabarett eröffnet und am nächsten Tag war ich 'der Grünbaum'."[12] Wie das zustande kam, hat er später so beschrieben:

> Das Publikum lacht über meine Hilflosigkeit. Die rührende Hilflosigkeit des kleinen Mannes, der da oben auf dem Podium steht und mit dem großen Drachen Publikum kämpft, löst Lachwirkungen aus. Ich übertreibe diese Hilflosigkeit – das gestehe ich offen ein – und erziele so ähnliche Wirkungen wie so manche Filmkomiker. Das ist die Theaterseite meines Humors. Als Conferencier arbeite ich mit dem 'Spiel der Bildung'. Ich wähle mir vorwiegend Themata der 'höheren Bildung', die auf eine das Wissenschaftliche karikierende Art gebracht werden. Höchst prosaische, einfache, alltägliche Angelegenheiten betrachte ich mit scheinbarem Ernst, 'sub specie aeternitatis', gebe ihnen den Talmiwert der besonderen Bedeutung – und das Publikum lacht über dieses Mißverhältnis.[13]

Dies und die spezielle Art des Vortrags seiner geistreich witzelnden, reichlich mit Ironie und Tiefsinn gewürzten Conferencen und Versmonologe lockt selbst Besucher von außerhalb Wiens in die „Hölle". Darunter Rudolf Nelson, der an

---

12 Zitiert nach Pierre Genée: Fritz Grünbaum, eine biographische Skizze. In: Hallo hier Grünbaum. Wien 2001, S. 10.
13 Zitiert nach Genée, Fritz Grünbaum, eine biographische Skizze, S. 11.

die Donau gereist war, um sich hier auf die Suche nach neuen Talenten für sein Berliner „Chat noir" zu machen, das er in der Linden-Passage eröffnen wollte. Was er dringend brauchte, war ein geistreicher Conferencier – mit Paul Schneider-Duncker hatte er sich überworfen und Arthur Pserhofer, den Wiener alter Schule, zog es zurück in seine Heimatstadt, nachdem er lange Jahre bereits dem Wolzogen-"Überbrettl", später anderen Kabaretts wie dem „Roland von Berlin" zu Diensten gewesen war. In der „Hölle" findet Nelson, was er sucht – einen jungen, kleinen, schlanken Spötter mit dem gewissen Etwas:

> Dieser Feuerwerker des Hirns steht plötzlich wie ein armseliges Geschöpf auf der riesigen Bühne und erregt, wenn man ihn nicht kennt, tiefes Mitleid. Wie wird sich das zierliche Figürchen in dem gewaltigen Raum bemerkbar machen? Und dann öffnet er den Mund und schießt pausenlos seine Witzraketen und seine Weisheiten mit überdrehter Logik ins überraschte Parkett. Mich hat er im Sturm erobert, aber ich denke an meine Landsleute an der Spree. Wird man sein Wienerisch und seine österreichischen Caféhaus-Verklausulierungen auch in meiner Friedrich-, Ecke Behrenstraße schlucken? Wir sprechen mit ihm. Im Nu sind alle meine lokalpolitischen Bedenken verschwunden. Das ist ja ein ganz famoser Zeitgenosse.[14]

Man wird sich schnell handelseinig – Grünbaum will Berlin erobern. Zwar hat er, wie Nelson, „entsetzliche Angst vor den preußischen Kodderschnauzen"[15], aber er will das Wagnis. Und es gelingt. Dabei bleibt er, wie und was er ist, der Wiener aus Brünn. Aus letzterem speist sich die naive Sicht der Dinge, ohne die das Kreative nicht auskommt, aus der Donaumetropole ist die Denk- und Lebensart, das Spezielle der zwiespältigen Wiener Seele:

> Sie liebt das Raunzen und das Lachen. Sie lächelt unter Raunzen. Sie hat eine kritische Natur, und darum ist ihr gar nichts recht. Sie muß alles analysieren, um den faulen Kern bloßzulegen... Aber sie ist nur eine brummige und keine giftige Seele. Ihr Nährboden ist die weiche Wienerwaldluft, und deshalb kennt sie keine Verzweiflung. Wenn sie das Minus gefunden hat, tut sie nicht außer sich, sondern – lacht! Sie freut sich, daß ihr Pessimismus recht behalten hat. Das genügt ihr als Wahrheitsfanatikerin. Aber verzweifeln? Lächerlich! Sie ist eben voll Weisheit, diese Wiener Seele. Läßt sich auf der einen Seite nicht in einen albernen Optimismus einlullen, weigert sich aber auf der andern, sich wegen der Schlechtigkeit der Welt aufzuhängen.[16]

Nelson, der mit seinem „Chat noir" in Berlins bester zentraler Lage ein mondänes, elegantes Kabarett für die oberen Zehntausend etablierte, hatte einen guten Riecher gehabt: Grünbaum wird über Nacht zur Zugnummer, kann mit dem restlichen Ensemble mühelos mithalten. Und das ist nicht ohne: Da gibt es Käthe Erlholz, des Direktors angetraute Chansonniere, ferner Gussy Holl, die

---

14 Egon Jameson: Am Flügel: Rudolf Nelson. Berlin 1967, S. 81f.
15 Jameson, Am Flügel: Rudolf Nelson, S. 81f.
16 Fritz Grünbaum: Die Pest und das Lachen. In: Fritz Grünbaum, Die Hölle im Himmel (Hg. Pierre Genée, Hans Veigl), Wien, München 1985, S. 160ff.

kabarettelnde Schauspielerin und Diseuse, Claire Waldoff, die über Nacht populär gewordene derb-komische Berliner Schnauze aus Gelsenkirchen, und schließlich den französischen Beau Jean Moreau, der bereits in den achtziger Jahren, ein Vierteljahrhundert zuvor, im originalen „Chat noir" auf dem Montmartre auf dem Podium gestanden hatte.

Mit dem Pariser Vorbild allerdings hat das Nelson-Kabarett nur noch den Namen gemein, in Berlin ist aus dem „Chat noir" ein zahmer Kater geworden, der brav Pfötchen gibt. Die scharfe Kralle ist Nelsons Sache nicht: Bald gibt man Privatvorstellungen vor hohen und höchsten Kreisen und bringt selbst SM, den deutschen Kaiser, höchstpersönlich zum Schmunzeln. Dem Erfolg der Truppe tut das keinen Abbruch, im Gegenteil. Schon früh werden die musikalischen Glanznummern des Kabaretts auf Schallplatte gepreßt und Star-Conferencier Grünbaum sagt sie an. Seine Chansons, von Nelson schlagerhaft vertont, liegen voll im Trend jener Jahre: O frivol ist mir am Abend, wenn's beim Tête-à-tête im Séparée ruck-zuck zur Sache geht. In der *Schaubühne* ist nachzulesen, worum es in diesen augenzwinkernd vorgetragenen schwül-erotelnden Liedern eigentlich geht, nämlich um die „Existenz des außerehelichen Geschlechtsverkehrs".[17]

---

17 Kurt Tucholsky: Berliner Cabarets. In: Die Schaubühne, Nr. 10 (März 1913), S. 288.

Auch der junge Kurt Tucholsky, der dies schrieb, gehört zu den Besuchern des Nobel-Kabaretts, widmet ihm seine ersten begeisterten Kritiken. Er erlebt Grünbaum gleich zweimal: einmal original, sozusagen live, und dann in der Person der parodistisch begabten Gussy Holl, die einfach alles drauf hat: sie „kann den Fritze Griinbaum nachmachen und Schneider-Duncker und die Waldoff'n"[18]. Sieben Jahre später, nach dem Ende des Ersten Weltkriegs, wird Tucholsky mit dem Parodierten gemeinsam eine Berliner Nelson-Revue erarbeiten: *Total Manoli*.

Aber noch ist es nicht so weit. Erst einmal zieht es Grünbaum, der inzwischen auch als Chansonschreiber und Operettenlibrettist ein gefragter Mann ist, wieder zurück nach Wien, um in der „Hölle" seine Berliner Kabarett-Karriere fortzusetzen. Die nächste Station ist das „Biercabaret Simplicissimus", das er aber bald wieder verläßt; diesmal ist es die vaterländische Pflicht, die ihn wie all die andern Künstler benebelt. Selbst Nelson liefert seinen Beitrag: er tauft sein „Chat noir" in „Schwarzer Kater" um und läßt verlauten: „Wir reden deutsch und wollen Deutsche sein!"[19] Vom allgemeinen Hurrah-Taumel erfaßt, macht auch Grünbaum seiner Kriegsbegeisterung in Versen Luft, schließlich meldet er sich freiwillig an die Front.

Die Ernüchterung folgt bald. Desillusioniert und zu Pazifisten geläutert, kehren die Kabarettisten heim, unter ihnen Grünbaum. Das Ende des Krieges ist zugleich ein Neuanfang. Kabarett, Lachtheater und Unterhaltung haben in diesen schlechten Zeiten wieder Hochkonjunktur. Für den Conferencier, der die lockere Plauderei einst mit dem Tiefsinn verbändelte, gibt es viel zu tun. Er tritt im „Simpl" auf, schreibt für das Nelson-Theater, betätigt sich mit großem Erfolg als Schlagertexter und bastelt an der neuen Form, die in den 1920ern wie eine Zauberformel gehandelt wird – Revue.

Die schicksalhafte Begegnung mit Karl Farkas, die dem Vielbeschäftigten bald neue Aufgaben, neue Ziele und Betätigungsfelder eröffnet, fand 1922 im „Simpl" statt. Die von beiden entwickelte „Doppelconference" wird zu ihrem Markenzeichen, das auf der Kabarettbühne neue Maßstäbe setzt. „Eine Doppelconference", ist bei Karl Farkas nachzulesen,

> ist ein Dialog zwischen einem Gescheiten und einem Blöden, wobei der G'scheite dem Blöden etwas Gescheites möglichst gescheit zu erklären versucht, damit der Blöde möglichst blöde Antworten darauf zu geben imstande ist – mit dem Resultat, daß zum Schluß der Blöde zwar nicht gescheiter, aber dem Gescheiten die Sache zu blöd wird. Beide haben daher am Ende nichts zu lachen. Dafür desto mehr das Publikum.[20]

---

18 Peter Panter: Gussy Holl. In: Die Schaubühne, Nr. 26 (Juli 1913), S. 688.
19 Volker Kühn: Das Kabarett der frühen Jahre. Ein freches Musenkind macht erste Schritte. Berlin 1984, S. 177.
20 S. Klaus Budzinski: Das Kabarett. 100 Jahre literarische Zeitkritik – gesprochen – gesungen – gespielt. Düsseldorf 1985, S. 55.

Fritz Grünbaum und Karl Farkas auf einer Probe von *Wien lacht wieder*

Grünbaum hat diese kunstvolle Blödelei auch nach Berlin exportiert, hat sie zuerst in der „Rakete" vor begeistertem Publikum mit Paul Morgan vorgeführt und damit auch gleich Nachahmer auf den Plan gerufen. Morgan wiederum nahm die Anregung auf und doppelconferierte nun mit Kurt Robitschek, mit dem er bald darauf das legendäre „Kabarett der Komiker" gründete. Und hier versuchten sich wenig später Paul Nikolaus und Hellmuth Krüger in diesem aus Wien nach Berlin exportierten Blödel-Doppel. Zwei Berliner auf einem Wiener Geheimpfad, der weit ins Österreich-Ungarische zurückreicht: gebürtig aus Mannheim, der erste, aus dem Baltikum – mit einem unüberhörbaren Akzent der alten Heimat behaftet – der zweite. Leider gibt es davon keine Tonaufnahme – es muß im besten Falle sehr deutsch geklungen haben: Walzer im Viervierteltakt.

Paul Nikolaus gehörte zu der raren Spezies der politisch-satirischen Kabarettisten, seine Conferencen wiesen ihn als politisch engagierten, kompromißlosen Einzelkämpfer aus, seine scharfe Zunge war gefürchtet. Auf der Bühne des Berliner „Kadeko" mochte man es aber lieber moderat. Direktor Kurt Robitschek fürchtete wie alle Direktoren leere Sitzreihen, er wollte das Haus voll und sein „Warenhaus der guten Laune" mit seinen knapp tausend Plätzen war groß. „Mein Traum wäre ja ein Kabarett voll Aggressivität, ein Kabarett der Satire des Tages", gab er zu Protokoll, „aber wieviel Menschen gibt es, die diesem Idealkabarett Verständnis entgegenbringen? Ich werd' es Ihnen sagen: 20 Journalisten und 300 Freikartenschnorrer."[21]

---

21 Volker Kühn: Die bissige Muse. 111 Jahre Kabarett. Köln 1993, S. 75.

Politische Anspielungen auf Tagesaktualitäten, satirische Anmerkungen zur Lage der Nation, waren damals wenig gefragt. In Wien noch weniger als in Berlin. Das Publikum wollte sich amüsieren, wollte ablachen, den grauen Alltag für ein paar Stunden vergessen. Die Kabaretts trugen dem, von wenigen Ausnahmen abgesehen, Rechnung. Daß die Kabarettisten selbst durchaus ihre Meinung zum politisch-gesellschaftlichen Geschehen hatten, liest sich nicht nur aus Grünbaums Briefen und einigen überlieferten Gesprächen unter Kollegen und Freunden heraus. Aber man wollte und brauchte volle Häuser. Nicht alle waren aus dem gleichen Holz geschnitzt wie die Kästners, Tucholskys, Mehrings, Soyfers und Buschs – als Friedrich Hollaender in Berlin, Karl Farkas und Fritz Grünbaum in Wien auch auf der Kabarettbühne Farbe bekannten, war es bereits zu spät, dem Rad der Geschichte in die Speichen zu fallen.

Es sind schnellebige Zeiten, diese „Roaring Twenties". Grünbaum geht mit der Zeit und ist mobil. Er beteiligt sich an dem lebendigen kabarettistischen Kulturaustausch, der in diesen Jahren stattfindet und deutsche Kabarettisten an die Donau, ihre österreichischen Kollegen, darunter Kurt Robitschek, Peter Hammerschlag, Paul Morgan, Anton Kuh, Fritz Wiesenthal, Hermann Leopoldi, Josma Selim, Ralph Benatzky, Franz Engel, Egon Friedell, Armin Berg, Hans Moser, an die Spree kommen läßt. Auch Grünbaum pendelt, immer und immer wieder, zwischen Wien und Berlin hin und her, er ist in den Berliner Nachkriegs-Kabaretts, in der „Rakete", im „Charlott-Kasino", später im „Kabarett der Komiker" ein gern gesehener Gast, er engagiert sich für die „Wespen", hat Gastspielauftritte in Leipzig, Frankfurt, München und anderswo. Ein vielbeschäftigter, rastloser Mann, den es von Projekt zu Projekt treibt. Er schreibt fürs Kabarett, für große Bühnen und die Kinoleinwand. Bald ist er auch als Theaterleiter, als Bühnendarsteller und Filmschauspieler beschäftigt.

Das alles wird 1933 mit Hitlers Machtübernahme jäh unterbrochen, erst in Deutschland, wenig später in Österreich. Dem Arbeits- und Auftrittsverbot für jüdische und politisch mißliebige Künstler folgt ihre Vertreibung, Verfolgung und Vernichtung. Was als kreativer, sich gegenseitig befruchtender Kulturaustausch zwischen zwei Nachbarn begonnen hatte, endet abrupt und wird unter den Trümmern eines Gewaltregimes begraben.

Unmittelbar vor dem Einmarsch der deutschen Truppen in Österreich hatte Fritz Grünbaum noch versucht, in die benachbarte Tschechoslowakei zu entkommen, aber die Flucht mißlang. Zurück in Wien, wurde er Anfang Mai 1938 von den Nazis in seinem Versteck aufgespürt, verhaftet und ins Konzentrationslager Dachau transportiert. „Den Grünbaum haben wir!"[22], triumphierte die Wiener Ausgabe des *Völkischen Beobachter* und deutete bereits hämisch an, wie man mit diesem „jüdischen Hetzkabarettisten"[23] umzugehen gedachte. Die Wirklichkeit, die den einst umjubelten Conferencier und Star-Kabarettisten der

---
22 Wiener Ausgabe des Völkischen Beobachters vom 17.5.1938.
23 Zitat aus Der Samstag vom 24.9.1938.

Wiener und Berliner Kleinkunstszene in Dachau und Buchenwald[24] erwartete, war weit grausamer als vorstellbar. Man hat ihn physisch und psychisch gequält, gedemütigt, geschlagen und geschunden. Zahlreiche Zeugnisse von Überlebenden der gemeinsamen KZ-Haft belegen das.[25]

Aufnahme Fritz Grünbaums aus dem KZ Dachau,
Bundesarchiv Koblenz, BArch, Bild 152-24-19A

Dennoch hat er verschiedentlich mit letzter Kraft versucht, seine Mithäftlinge mit kabarettistischen Vorträgen aufzuheitern und dadurch ihren Überwillenswillen zu stärken, der ihm selbst längst verlorengegangen war.[26] Grünbaums Kabarettkollege Karl Schnog berichtet von seinem letzten Auftritt am Silvesterabend 1940:

---

24 Grünbaum, zunächst in Dachau interniert, war im September 1938 ins KZ Buchenwald transportiert worden. Im Oktober 1940 brachte man ihn zurück nach Dachau.
25 S. dazu den Bericht von Fritz Kleinmann u. a. in: Robert Dachs, Sag beim Abschied leise Servus, Wiener Publikumslieblinge in Bild & Ton, Wien 1992, S. 171.
26 Viktor Matejka in einem Fernsehinterview mit Volker Kühn am 18.5.1990, gesendet am 31.1.1991 in Totentanz – Kabarett hinter Stacheldraht, ARD. Volker Kühns Dokumentarfilm ist 2000 als DVD in der Edition Mnemosyne (VS 2003) erschienen. – S. a. Bericht Ernst Federn: Fritz Grünbaums 60. Geburtstag im KZ, in: Der Aufbau, New York, vom 17.8.1945.

Es war wie ein Wunder: der zermürbte kleine Mann lebte auf, wurde temperamentvoll und witzig wie einst und sprach, spielte, sprudelte seine Vers-Scherzchen: 'Das Baby Grünbaum' und 'Ich möcht' ein Engerl sein!' Dann erzählte er noch ein paar derbe Witze und – und fiel wieder in sich zusammen![27]

Zwei Wochen später war er tot.

Die Liste der Opfer ist lang. Nur wenige von Grünbaums Bekannten und Freunden konnten sich wie Karl Farkas ins Exil retten. Den Komponisten seiner Texte, Oscar Straus, Ralph Benatzky, Werner Richard Heymann, Robert Katscher, Jean Gilbert und Emmerich Kálmán gelang die Flucht nach Amerika, Rolf Marbot ging nach Frankreich, Rudolf Nelson tauchte in Amsterdam unter, Edmund Eysler überlebte in Wien, Leon Jessel starb nach seiner Verhaftung in Berlin, Richard Fall wurde in Auschwitz ermordet, Hermann Leopoldi, mit Grünbaum in Buchenwald interniert, konnte sich freikaufen und entkam nach Amerika. Grünbaums Co-Autoren Wilhelm Sterk und Julius Wilhelm starben während des Krieges, Sterk in Theresienstadt, Wilhelm in ihrem Versteck, in dem sie sich vor den Nazis verborgen hielt, Fritz Löhner-Beda kam in Auschwitz zu Tode, Kurt Tucholsky nahm sich in Schweden das Leben. Grünbaums Bühnenpartner Max Ehrlich und Franz Engel wurden in Auschwitz vergast, Kurt Robitschek gelang die Flucht nach Übersee, Willy Prager tauchte in Berlin unter, László Békeffi wurde in Budapest verhaftet und ins KZ Dachau verschleppt, Max Brod überlebte als Zwangsarbeiter in Österreich, Paul Morgan starb in Buchenwald, Grünbaum half ihn beerdigen. Max Pallenberg, mit dem Grünbaum zusammen vor der Kamera gestanden hatte, emigrierte nach Wien und kam 1934 bei einem Flugzeugabsturz ums Leben. Auch Grünbaums Filmpartner gehörten zu den Verfolgten und Verfemten: Hermann Vallentin entkam nach Palästina, Grete Mosheim nach England, Senta Söneland beging 1934 Selbstmord, Szöke Szakall und Roda Roda flohen nach Amerika. Einige der Regisseure, die Grünbaum auf die Leinwand brachten, wurden außer Landes gejagt: Fritz Kortner ging in die USA, Kurt Gerron floh über Paris nach Amsterdam, wurde aufgespürt und starb in der Gaskammer von Auschwitz. Verfolgt wurde auch die Mehrzahl derer, die Grünbaums Lieder sangen: Robert Koppel tauchte in Frankreich unter, Fritz Heller und Max Kuttner konnten sich nach Shanghai retten, Claire Waldoff wurde geächtet und bekam bald keine Auftritte mehr, Curt Bois entkam nach Hollywood, Max Hansen nach Stockholm, Paul O'Montis nahm sich in Sachsenhausen das Leben, Hermann Feiner wurde in Auschwitz ermordet, Richard Tauber fand in Großbritannien Exil, Joseph Schmidt starb in einem Schweizer Internierungslager, Ralph Erwin wurde ins Konzentrationslager verschleppt, konnte entkommen, starb aber wenig später auf der Flucht. Gitta Alpár, die gefeierte Sängerin des Berliner Metropol-Theaters,

---

27 Karl Schnog: Das Ende der Spaßmacher – Ein ernster Zeitbericht von Karl Schnog. In: Artistik, 1. Jg. Heft 2, Berlin 1955, S. 7f.

die in den USA eine neue Heimat fand, sang Grünbaums Operettenlieder noch im Juli 1940 im amerikanischen Rundfunk, als ihr todgeweihter Textdichter im KZ den Martern seiner Peiniger ausgesetzt war.

Kaum einer von denen, deren künstlerischer Weg sich mit dem Grünbaums kreuzte, blieb von der faschistischen Hetzjagd verschont. In einer Zeit, in der es im Trend zu liegen scheint, sich verstärkt den privaten Befindlichkeiten derer zuzuwenden, die diese Diktatur etablierten oder es sich in ihr durch Anpassung bequem einzurichten verstanden, gilt es immer wieder an das Schicksal derer zu erinnern, die damals chancenlos waren, weil sie andere Haltungen lebten, politisch klarsichtiger waren oder einfach die falsche Großmutter hatten. In einer Zeit, in der rechtspopulistische bis antisemitische Parolen schon wieder salonfähig, hier und da bereits wieder in den Parlamenten zu hören sind, darf nicht vergessen werden, daß mit dem Hitler-Faschismus eine ganze Kultur ausgelöscht und der Vergessenheit überantwortet wurde. Hier wurde ein wichtiger, wertvoller Traditionsstrang gekappt, das ist nach 1945 schmerzlich spürbar geworden. Umso mehr gilt es an eine Kultur zu erinnern, ohne die auch das Kabarett des letzten Jahrhunderts nie in Blüte gestanden hätte und nie zu dem geworden wäre, was es einmal war.

Zu den AutorInnen
und HerausgeberInnen

Ulf BIRBAUMER, Studium der Theaterwissenschaft, Lehramt Deutsch und Französisch. 1983 Habilitation (*Theorie und Praxis alternativer theatralischer Kommunikation am nichtinstitutionalisierten Theater in Europa nach 1965. Dargestellt am Beispiel der Theaterarbeit von Dario Fo, Augusto Boal und Armand Gatti*). 1986 Gastprofessur an der Sorbonne, Paris; 1992 Vorlesungsreihe in Florenz (Österreichisches Theater des 20. Jahrhunderts). Ab 1991 Univ.-Prof. am Institut für Theaterwissenschaft. Zahlreiche nationale und internationale Kooperationen (u. a. MSH=Maison des Science de l'Homme, Paris). Neben der theoretischen Beschäftigung mit Theater stets auch theaterpraktische Arbeiten; Theaterkritiker, Fernseh- und Kulturjournalist.

Andrea B. BRAIDT, Studium der Filmwissenschaft und Komparatistik in Innsbruck und Newcastle (G.B.), seit 1997 zahlreiche Lehraufträge für Filmwissenschaft an österreichischen Universitäten. 2001-2003 Junior Fellow/Auslandsfellow am Internationalen Forschungszentrum Kulturwissenschaften IFK Wien. 2003 u. 2004 Visiting Professor am Gender Studies Department der Central European University, Budapest. Seit 2004 wissenschaftliche Mitarbeiterin am Institut für Theater-, Film- und Medienwissenschaft, Universität Wien. Letzte Publikationen: *Screenwise. Film. Fernsehen. Feminismus.* (Marburg 2004, hg. gem. mit Monika Bernold, Claudia Preschl); *Mit Freud. Psychoanalyse in Theater-, Film- und Medienwissenschaft.* (Maske und Kothurn 52. (1), 2006, hg. mit Klemens Gruber, Monika Meister).

Brigitte DALINGER, derzeit Assistentin am Institut für Theater-, Film- und Medienwissenschaft der Universität Wien. Studium der Theaterwissenschaft und der Geschichte in Wien, während des Studiums verschiedene Tätigkeiten im Theaterbereich. Intensive Beschäftigung mit dem Thema Jüdisches Theater und Dramatik, Forschungsaufenthalte in Israel und den USA. Habilitation im März 2004. Weitere Arbeitsschwerpunkte: Theater und Interkulturalität; Theater vor, während und nach dem Ersten Weltkrieg; Sprechtheater im 19. Jahrhundert. Publikationen u. a.: *„Trauerspiele mit Gesang und Tanz." Zur Ästhetik und Dramaturgie der jüdischen Dramatik.* Böhlau: Wien (in Vorb.). *Quellenedition zur Geschichte des jüdischen Theaters in Wien.* Tübingen: Max Niemeyer Verlag, 2003. *Abisch Meisels, Von Sechistow bis Amerika. Fun sechisstow bis amerika. Eine Revue in 15 Bildern. A rewi in 15 bilder* (mit Thomas Soxberger Wien 2000). *„Verloschene Sterne". Geschichte des jüdischen Theaters in Wien.* Wien: Picus, 1998.

Hilde HAIDER-PREGLER, 1978 Habilitation (*Des sittlichen Bürgers Abendschule. Bildungsanspruch und Bildungsauftrag des Berufstheaters im 18. Jahrhundert*). Seit 1987 Univ.-Prof. am Institut für Theater-, Film- und Medienwissenschaft, Universität Wien; 1989 bis 1999 Institutsvorständin. Gastprofessuren in München, Leipzig, Ostrava, Straßburg. Vorträge und Seminare an zahlreichen Universitäten in Europa, Kanada, USA. Leitung von Forschungsprojekten, u. a. zur Geschichte des jüdischen Theaters, zur Österreichischen Theatertopographie 1918 bis 1938 und zu „Hör-Inszenierungen". Bestandsaufnahme und Sicherung der akustischen Quellen im Nachlass von Franz Hiesel im Rahmen der Audiothek (FWF Projekte).

Kulturjournalistische Tätigkeit als Theaterkritikerin. Zahlreiche Publikationen, darunter: *Verspielte Zeit. Österreichisches Theater der dreißiger Jahre* (Hg., gem. mit Beate Reiterer, Wien 1997); *Überlebenstheater. Der Schauspieler Reuss* (Wien 1998); *Zeit der Befreiung. Wiener Theater nach 1945* (Hg. mit Peter Roessler, Wien 1998).

Werner HANAK, Studium der Theater- und Kommunikationswissenschaft 1988-1994. Kurator am Jüdischen Museum Wien seit 1994, zuletzt Kurator der Wiener Festwochen-Ausstellung *Quasi una Fantasie. Juden und die Muskstadt Wien* (2003), Gastkurator für die Neugestaltung der Mozartwohnung im Auftrag des Wien Museums (2006) und Kurator der Ausstellung *Lorenzo Da Ponte. Aufbruch in die Neue Welt* (2006). Künstlerische Projekte: Dokumentarfilm *Malibu Song* 2006, gemeinsam mit Natalie Lettner), Dramaturgie für Robert Wilsons Laserinstallation *Z2 – The sleeping room of the people who did not know each other* (2000). Wissenschaftliche Projekte: Lehrbeauftragter am Institut für Theater-, Film- und Medienwissenschaft der Universität Wien (1998 bis 2003); Dissertation zum Thema „Dramaturgie der Ausstellung" (seit 2003). Lehrauftrag als Fulbright Fellow for Research and Lecturing am Bard Graduate Center for Decorative Art, Design and Culture in New York City (September-Dezember 2004).

Kurt IFKOVITS, Studium der Germanistik in Wien, 1997–2003 Mitarbeiter am Forschungsprojekt *Hermann-Bahr-Tagebuchedition* und im Spezialforschungsbereich Moderne, Graz. Zuletzt Herausgeber von *Die Rollen der Paula Wessely. Spiegel ihrer selbst* und *Hermann Bahr - Jaroslav Kvapil. Briefe, Texte Dokumente.* (Unter Mitarbeit von Hana Blahová). Kustos des Österreichischen Theatermuseums.

Günter KRENN, Theater- und Filmwissenschafter, Mitarbeiter des Filmarchiv Austria. Publikationen: *Film ist Comics. Wahlverwandtschaften zweier Medien* (mit Paolo Caneppele, 1999); *Elektrische Schatten* (hg. mit Francesco Bono und Paolo Caneppele, 1999); *Zauber der Bohème* (Hg. mit Armin Loacker, 2002); *Helmut Qualtinger - Die Film und Fernseharbeiten* (Hg., 2003), *Walter Reisch - Film schreiben* (Hg., 2004).

Volker KÜHN, kam über den Journalismus zur Funk- und Fernseharbeit. Zahlreiche Sendungen und Hörspiele, darunter TV-Dokumentationen über die Unterhaltung im Dritten Reich und das Kabarett im KZ, die Film-Satiren *Die halbe Eva, Euer Clown kann ich nicht sein, Hochkant, Der Eremit* sowie eine 12teilige Reihe über die Geschichte des Kabaretts. Schrieb Theaterstücke, Musicals und Revuen, Bühnenmonologe. Seine letzte Theaterarbeit, die Bühnenfassung von *Marlene*, erreichte mehr als 500 Vorstellungen. Diverse Buchveröffentlichungen, speziell zum Thema Kabarett, darunter *Das Kabarett der frühen Jahre*, die fünfbändige Textsammlung *Kleinkunststücke*. Herausgeber einer Werkausgabe mit Texten von Wolfgang Neuss (*Der totale Neuss*) und des Kabarettisten Matthias Beltz („Gut" und „Böse"). Daneben *Spötterdämmerung* (über Friedrich Hollaender), *Leise rieselt der Schmäh* (Polit-Parodien), *Gedicht aus Bonn* (Wegwerf-Lyrik). Mitglied des PEN-Zentrums. Lebt in Berlin. – Sein Feature *Lachen am Abgrund – Das Leben des Kabarettisten Fritz Grünbaum* ist auf einer Doppel-CD enthalten, die er zusammen mit Grünbaums Chansons, Conferencen, Szenen und Schlagern unter dem Titel *Fritz Grünbaum – Das Cabaret ist mein Ruin* in der Edition Mnemosyne veröffentlichte.

Birgit PETER, Studium Theaterwissenschaft und Philosophie an der Universität Wien, Dissertation zu Zirkus, Varieté und Revue im Wien der 1. Republik (2001). Seit 1999 wissenschaftliche Mitarbeiterin am Institut für Theater-, Film- und Medienwissenschaft (TFM) der Universität Wien. Leitung des Archivs des TFM. Veranstaltung von Symposien, Tagungen,

Konzeption und Durchführung von Forschungsprojekten bspw. im Rahmen des Interreg-Programms. Lehraufträge an den Universitäten Wien und Leipzig zu den Themen Wissenschaftsgeschichte, wissenschaftliches Arbeiten, Zirkus, Varieté, Zauberkunst, Illusion, Theaterhistoriographie und Archiv sowie Lehrtätigkeit im Universitätslehrgang „Kultur und Organisation". Publikationen zu unterhaltungskulturellen Phänomenen wie Revue, Zirkus etc., Persönlichkeiten wie Kadmon, Lamarr, Gerdago, Qualtinger, Bernhard, Grünbaum, u. a. Mitherausgeberin einiger Bände der theaterwissenschaftlichen Fachzeitschrift Maske und Kothurn.

Thomas SOXBERGER, geboren 1965 in Steyr, Studium der Judaistik und Geschichte an der Universität Wien, Postgraduate Student an SOAS, London University: MA in Yiddish Studies. Arbeiten zu zeitgeschichtlichen Themen, insbesondere im Zusammenhang mit jiddischer Kultur des zwanzigsten Jahrhunderts. Mehrere Übersetzungen aus dem Jiddischen. Neuere Arbeiten: *Sigmund Löw (Ziskind Lyev). Fate of a revolutionary-proletarian writer.* East European Jewish Affairs, London. Vol. 34, No. 2, (Winter 2004), S. 151-170. Der Film *Opfer des Hasses* (Österreich 1923) und *Das „Jüdische Hilfswerk". Ein Werbefilm als zeitgeschichtliches Dokument.* In: David, Jüdische Kulturzeitschrift, 17.Jg., Nr. 64, April 2005, S. 37-43. Thomas Soxberger (Wien, Österreich): *Jiddische Kultur heute: Nostalgisches Phänomen, „freylekher mes" oder die Renaissance einer „Sekundärkultur?".* In: TRANS. Internet-Zeitschrift für Kulturwissenschaften. No.16/2005

Georg WACKS, Clown, Schauspieler, Musiker, Historiker und Autor. Studien u. a. an der Universität für Musik und darstellende Kunst in Wien, an der Universität Wien, sowie an der École Philippe Gaulier – International School of Theatre in London. Zahlreiche Auftritte u. a. in Wien, London, Paris, Edinburgh und Salzburg in allen Disziplinen. Arbeit mit den Roten Nasen Clowndoctors. Präsident der Armin Berg Gesellschaft. Programme im Theater L.E.O.: ‚Ich glaub', ich bin nicht ganz normal' – Die Armin Berg Revue", „Fräulein Ganslbrust – Große Ausstattungsrevue", „Vienne à Paris – Exilkabarett in Frankreich". Sein Buch *Die Budapester Orpheumgesellschaft. Ein Varieté in Wien 1889 – 1919. Vorwort Gerhard Bronner* erschien 2002 im Verlag Holzhausen und bietet neben der Geschichte dieses berühmten Ensembles einen Einblick in die Unterhaltungsszene Wiens im Fin de siècle. (http://www.arminberg.at; www.wacks.at; www.rotenasen.at; www.theaterleo.at).

Bildnachweis

Bundesarchiv Koblenz, BArch, Bild 152-24-19A (S. 123)
Österreichisches Theatermuseum (S. 115, 117, 119)
Alle übrigen Abbildungen stammen aus den Sammlungen der Autoren.

Schriftenreihe des Österreichischen Theatermuseums

Herausgegeben von Thomas Trabitsch

Band 1 Christiane Mühlegger-Henhapel (Hrsg.): Joseph Gregor. Gelehrter – Dichter – Sammler. 2006.

Band 2 Ulrike Dembski / Christiane Mühlegger-Henhapel (eds./éds.): Performing Arts Collections on the Offensive / Les collections d'arts du spectacle passent à l'offensive. 26th SIBMAS Congress, Vienna 2006 / 26ème Congrès SIBMAS, Vienne 2006. 2007.

Band 3 Brigitte Dalinger / Kurt Ifkovits / Andrea B. Braidt (Hrsg.): „Gute Unterhaltung!" Fritz Grünbaum und die Vergnügungskultur im Wien der 1920er und 1930er Jahre. 2008.

www.peterlang.de

Christel Hoffmann

spiel.raum.theater.

Aufsätze, Reden und Anmerkungen zum Theater für junge
Zuschauer und zur Kunst des Darstellenden Spiels

Frankfurt am Main, Berlin, Bern, Bruxelles, New York, Oxford, Wien, 2006.
427 S.
Kinder-, Schul- und Jugendtheater. Herausgegeben von Wolfgang Schneider.
Bd. 12
ISBN 978-3-631-55309-1 · br. € 49.80*

In diesem Buch werden sowohl Eigenarten des professionellen Theaters für
junge Zuschauer als auch des Theaterspiels der Kinder und Jugendlichen
beschrieben, wobei das eine wie das andere die gleiche Wertschätzung erfährt.
Die hier versammelten Aufsätze und Reden sind im Verlauf von dreißig Jahren
aus den jeweils künstlerischen und pädagogischen Arbeitszusammenhängen
entstanden. Sie setzen sich mit grundlegenden Fragen dieses Metiers
auseinander: mit dem Verhältnis zwischen Theater und Pädagogik; mit dem
Zusammenspiel zwischen Zuschauern und Schauspielern und der daraus sich
ergebenden Dramaturgie und Spielweisen. Gedanken zu einer Ästhetik
dieser Theaterformen werden anhand der Besonderheiten des kindlichen
Spiels und seiner Verwandtschaft zum epischen Theater Bertolt Brechts
dargestellt. Arbeitsprinzipien zum Darstellenden Spiel und die Betonung der
Wechselwirkung zwischen Tun und Betrachten erörtern eine grundlegende
Methode der Theaterpädagogik.

Aus dem Inhalt: Theatergeschichte in Modellen – Das Erscheinungsbild
des Theaters für junge Zuschauer von 1922 bis 2005 · Theater für junge
Zuschauer – Besonderheiten dieser Theaterform · Theater mit Kindern und
Jugendlichen – Unterschiede zwischen Kinderspiel und Theater

Frankfurt am Main · Berlin · Bern · Bruxelles · New York · Oxford · Wien
Auslieferung: Verlag Peter Lang AG
Moosstr. 1, CH-2542 Pieterlen
Telefax 00 41 (0)32/376 17 27

*inklusive der in Deutschland gültigen Mehrwertsteuer
Preisänderungen vorbehalten
Homepage http://www.peterlang.de

www.ingramcontent.com/pod-product-compliance
Ingram Content Group UK Ltd.
Pitfield, Milton Keynes, MK11 3LW, UK
UKHW021836210426
5322IPUK00021B/325